여유를 훔치는 방법

여유를 훔치는 방법

초판 1쇄 발행 2025년 8월 12일

지은이 헤이든 원
브랜드 온더페이지
출판 총괄 안대현
기획·책임편집 심보경
편집 김효주, 정은솔, 이수빈, 이제호, 전다은
표지 디자인 studio gomin 본문 디자인 희서디자인

발행인 김의현
발행처 ㈜사이다경제
출판등록 제2021-000224호(2021년 7월 8일)
주소 서울특별시 강남구 테헤란로33길 13-3, 7층(역삼동)
홈페이지 cidermics.com
이메일 gyeongiloumbooks@gmail.com (출간 문의)
전화 02-2088-1804 팩스 02-2088-5813
종이 다올페이퍼 인쇄 재영피앤비
ISBN 979-11-94508-36-6 (03810)

- 책값은 뒤표지에 있습니다.
- 잘못된 책이나 파손된 책은 구입하신 서점에서 교환해 드립니다.
- 이 책은 저작권법에 의하여 보호를 받는 저작물이므로 무단 전재와 복제를 금합니다.

여우를 훔치는 방법

배우
헤이든 원의
첫 산문집

| 추천사 |

이 세상을 살아가는 우리에게 아주 쉬우면서도 아주 어려운 것이 '지금 이 순간을 온전히 사는 것'이 아닐까. 이 책을 만나는 분들이 '지금 이 순간'으로부터 도피하게 하는 수많은 매혹들에게서 잠시 벗어나 보기를 바라본다. 나아가 나만의 진정한 여유를 찾기를, 작은 충만함을 느끼기를, 아름다운 고독을 만나기를, 무엇보다 즐겁기를. 진심으로 바란다.

_정소민(배우)

헤이든 원이 삶을 대하는 태도에는 무언가 다름이 있다. 글에 묻어난 그의 에너지에는 공감과 권유가 있어, 책을 읽는 동안 일상의 여유를 자아낸다.

_수호(배우, 가수)

놀이터에서 놀다가 해가 질 때쯤 되면, 엄마의 부름에 맞춰 귀가하던 시절이 있었다. 친구들과 노는 것도 좋았지만, 적당히 마무리하고 터덜터덜 걷던 그 장면들이 내 인생 가장 행복했던 기억 중 하나로 남는다.

그 시절보다 훨씬 많은 것을 가졌고, 능력도 있는 어른이 되었지만, 마음 한구석엔 그때의 감정을 그리워한다. 왜일까, 무엇이 그리 좋았을까. 그 질문의 답을 이 책을 통해 찾게 되었다. 바로 '여유'였다.

이 책은 잃어버린 여유를 찾기 위한 실천들을 담고 있다. 나도 읽으면서 집 안에 '휴대폰 수거 바구니'를 놓았고, 산책 중 버려진 쓰레기를 주워보기도 했다. 점심시간엔 하늘을 보며 사진을 찍는 일이 하나의 의식이 되었다. 그렇게 아주 조금씩, 어린 시절의 따뜻한 순간들을 다시 소환하고 있다.

이 책은 '가르치지' 않는다. 시키거나 설득하지도 않는다. 대신 함께 걸어준다. 바쁜 일상 속에서 잊고 있던 나의 호흡, 나의 감각, 나의 생각들을 다시금 불러준다. 이 글을 적으면서도 또 한 번 길을 나서고 싶다. 그런 두근거림이 저자가 나에게 준 선물인 듯싶다.

_윤홍균('자존감 수업' 작가, 정신건강의학과 전문의)

"작가님, 바빠서 책 읽을 시간이 없어요."
"책을 읽지 않아서 바쁜 거예요."

한때 느림의 미학이 사랑받던 시절이 있었다.
느림보다 충만하고, 지금 우리에게 절실히 필요한 것이 여유다.
부족해도 쫓기지 않는, 끌려다니지 않는 힘이 여유다.
여유야말로 한국인의 미덕이고 자랑이다.
이 책은 미국과 일본을 오가며 한국인의 눈으로 포착한 여유의 모음이다.
지금 뭔가에 쫓기고 있다면, 잠시 멈춰 서서 여유를 훔쳐라!
여유, 느리지만 강하다. 이 책처럼.

_고명환('고전이 답했다 마땅히 살아야 할 삶에 대하여' 작가)

머리글

여유.
어쩌면 살아가며 우리가 가장 애타게 갖고 싶은 것.
삶과 죽음의 경계, 그 틈새에 늘 끼워 넣고 싶은 두 글자.
여유,
난 이 두 글자의 의미를 찾기 위해 걷기 시작했다.
매일 걸었다. 어떤 날은 새벽녘, 어떤 날은 해 질 무렵, 어떤 날은 한적한 오후에 걸었다. 집 앞 공원, 고즈넉한 골목, 사람이 많은 곳, 사람이 적은 곳, 그리고 미국과 일본까지, 내 발길이 닿는 곳이면 어디든 상관없었다.
휴대폰은 집에 두고, 종이와 펜 그리고 가끔 필름 카메라만 챙겨 걸으며 세상을 느꼈다. 새들의 지저귐, 사람들의 웃음소리, 재잘거리는 말소리, 바람의 살랑거림, 나뭇잎의 춤사위, 그 위로 번지는 빛줄기, 하얀 구름, 푸른 하늘, 주황빛 노을, 어둠이 오기 전의 보랏빛 하늘, 밤하늘의 별, 밤공기 내음, 계절마다 피고 지는 꽃, 그리고 모든 순간마다 죽고 다시 새롭게 태어나는 우리.

그 끝에 마침내 발견했다. 여유를 찾는 방법을.

나만의 방법을 기록한 이 글에서 당신의 여유를 훔치길, 나 역시 그랬듯, 지금은 보이지 않지만 어쩌면 당신 곁에 있는 '여유'를 발견하길,

그리하여 마주한 여유를 반갑게 맞이하길,
더없이 바란다.

헤이든 원

차례 추천사 ··· 4
　　　머리글 ··· 6

1부
오늘의 행운을 주웠다

여유를 훔치는 방법 ··· 14

숨, 쉼 ··· 20

오늘도 이겼다 ··· 24

행운 줍기 ··· 27

한국의 여름 ··· 33

나만의 레이스 ··· 36

하늘 색 ··· 42

평화 ··· 45

삶 ··· 51

엄마 ··· 54

여유의 바다 ··· 59

2부

아무렴
어떤가

고독과 잡생각 … 64

심우도 … 71

비눗방울 … 78

발버둥 … 83

비행 … 87

LALA LAND … 90

봉우리 … 103

근두운 … 108

시 … 112

흔적 지우기 … 116

네모의 꿈 … 122

빈틈 있는 사람 … 128

방향 … 132

3부
그 순간의 우린
부족함이 없었다

아버지의 필름 카메라 ··· 140

건강하게 사는 방법 ··· 147

Last dance of Spring ··· 154

공원에서 만난 '귀빈' ··· 159

열정 ··· 165

오키나와1 ··· 171

오키나와2 ··· 174

오키나와3 ··· 181

온기 ··· 191

죽음 ··· 197

라디오 ··· 205

글을 마치며 ··· 214

1부

오늘의
행운을 주웠다

여유를 훔치는 방법

　방 안에 누워 멍하니 휴대폰을 바라보고 있다. 처음엔 분명 무언가를 찾아보려 했던 것 같은데, 어느새 그 목적은 사라지고 시간도 잊은 채 화면 속을 떠도는 알고리즘의 키워드를 무의식적으로 따라가고 있었다. 나도 모르게 떠오른 궁금증에 이끌려 또다시 스크롤을 내리던 그때, 손틈 사이로 맑고 푸른 하늘이 눈에 들어왔다.

　휴대폰 쥔 손을 내리고 가만히 하늘을 바라보았다. 흰 구름은 멈춰 있지 않고 바람에 밀리듯 천천히 움직이고, 한 마리 새가 자유로이 허공을 가로지르며 반대편 건물로 날아갔다. 내 방 안의 세상과 창밖의 세상은 같은 여유인 듯 보이지만 달랐다.

문득, 휴대폰을 오래 바라보고 있던 내 모습이 제삼자처럼 느껴졌다. 지금 이 휴대폰이 나에게 없다면, 더 나아가 휴대폰이 세상에서 사라진다면 어떨까 생각해 보았다. 상상이 가지 않았다. 막연한 두려움도 밀려왔다. 무서움보다 불편함에서 오는 두려움이랄까. 하지만 분명 나는 휴대폰이 없던 시절을 살아본 적이 있었다. 그때 그 시절에 나는, 나의 부모는, 우리는 불편했을까? 이런저런 생각들이 꼬리에 꼬리를 물며 이어졌다. 그리고 불편했던 순간보다는 오히려 아름다웠던 순간들이 하나둘 떠올랐다.

부모님의 손을 잡고 이리저리 뛰어다니던 장면, 친구들과 정신없이 놀이터에서 뒹굴던 장면, 소중한 사람들과 여행을 갔던 장면, 비 오는 날 창에 맺힌 빗방울을 들여다보던 장면. 그 소중한 기억에 휴대폰을 하는 나는 없었다.

그래. 나가자. 붙들고 있던 휴대폰을 내려놓고 당장 밖에 나가기로 결심했다. 오늘만큼은 휴대폰 없이 1시간 만이라도 보내 보자. 짧지만 진지한 도전이었다. 휴대폰 없이도 충분히 행복할 수 있는 나만의 방법을 찾고 싶었다.

집을 나서기 전, 휴대폰을 두고 나가면 무엇을 할 수 있을까 생각해 보았다. 우선 책장에 있는 책 하나를 집었다. 평소에도 자주 책을 읽던 터라 바깥 풍경을 바라보며 읽으면 왠지 더 집중이 잘될 것 같았다. 그리고 또 뭘 할까. 휴대폰

대신 선택한, 오늘 내가 보게 될 풍경과 장면들을 적어 보면 어떨까? 노트와 연필을 챙겨 나만의 여유를 찾기 위한 첫 발걸음을 내디뎠다. *(이 순간이 이 책의 시발점이었다!)*

처음 집을 나섰을 때는 어색하기 짝이 없었다. 작은 노트와 연필은 주머니에 넣고, 책은 손에 든 채 무작정 걸었다. 이른 아침이라 그런지 참새들의 지저귐이 들려왔다. 일찍이 등교하는 아이도 보였다. 누군가를 기다리는 듯, 고개를 숙인 채 휴대폰을 들여다보고 있었다. 그 아이의 모습 위로 등굣길에 친구를 기다리던 어린 시절의 내 모습이 겹쳐졌다.

공원에 들어서니 고요함 속에 활기가 느껴졌다. 달리는 사람, 천천히 걷는 사람, 출근하는 사람, 야채와 과일을 파는 사람, 커피를 사는 사람, 가게 창문을 닦는 사람, 어제의 이야기를 나누는 이웃들, 엄마와 아침 산책을 나선 아이까지. 모두가 각자의 이야기로 하루를 열고 있었다.

헤드셋이나 에어팟으로 귀를 막고 내가 듣고 싶은 소리만 듣고 걸었던 이전과는 완전히 다른 세상이 펼쳐졌다. 다른 사람들의 말소리가 원치 않아도 들려올 때, 세상에는 나만 모를 뿐 수많은 이야기가 흘러가고 있구나 실감했다.

하늘을 올려다보니 창문 너머로 보던 하늘과는 또 다른, 훨씬 더 넓고 깊은 하늘이 내 머리 위에 파랗게 펼쳐져 있었다. 구름 한 점 없는 하늘 아래로 울창한 나뭇잎들이 눈부신

햇빛을 가리듯 나의 머리 위에 드리워 있었다. 나뭇잎 사이로 빛이 빼꼼빼꼼 고개를 내밀었다 숨었다 했다. 이 모든 순간들이, 장면들이, 감각들이 하나하나 나에게 다가왔다.

이것이 갑작스레 내게 다가온 걸까. 아니면 내가 이제야 이 가까운 것들을 볼 수 있게 된 걸까. 내 안에 있었던 새로운 눈이 트이는 느낌이었다. 이 모든 건 사실 새로운 게 아니었다. 언제나 곁에 있던 것들이다. 너무 익숙해서 보이지 않던 것들이 낯설 만큼 새로이 보이는 이 느낌. 이것이 내가 그토록 원하던 '여유'였다.

지금 내 머리칼을 스쳐 지나가는 바람처럼 내 삶의 모든 찰나는 지나가고 있다. 난 그 시공간을 무수히 지나치고 있었다. 그 찰나의 순간순간이 내 생애 마지막 순간들이라면 너무나 예쁘지 않을 수 없었다.

나는 마음먹었다. 이 여유를 매일같이 조금씩 훔치기로. 이전까지 놓쳐 왔던, 그토록 갖고 싶었던 여유가 바로 내 옆에 있었다는 걸 깨달은 오늘부터. 세상이 원하는 시선에 나를 끼워 맞추는 것이 아닌, 그 속에서 나의 여유를 잃는 삶이 아닌, 주도적으로 내가 바라보고, 느끼고, 맡고, 만져 보는 삶을 살고 싶다. 소중한 찰나의 시간을 온전히 누리는 것. 이것이 내가 유일하게 창작할 수 있는 나만의 여유였다.

여유는 그리 멀리 있지 않았다. 먼 여행을 떠나야만 얻을 수 있는 것도 아니고, 특별한 공간에서만 느낄 수 있는 것도 아니었다. 그저 지금 이 자리에서, 내가 마음만 먹으면 누릴 수 있는 가장 가까운 행복이었다.

이 여유를 발견하고 집에 돌아가는 길, 내 마음속에 맴도는 말.

'찾았다. 드디어 찾았다.'

숨, 쉼

최근에 새벽 요가 수업을 듣기 시작했다. 사실 요가는 나와 거리가 먼 운동이었다. 평소 헬스, 복싱, 달리기처럼 역동적인 운동을 선호했기에, 정적인 느낌의 요가는 나와 맞지 않는다는 편견이 있었다. 솔직히 왠지 모르게 부끄럽기도 해서 비즈니스적인 목적 이외에는 시도조차 하지 않았다.

그런데 근래에 들어서 내 몸이 몹시 긴장하고 있고 힘이 들어가 있음을 느꼈다. 어떤 운동을 하든 유연한 움직임이 필요하다는 생각이 들었다. 그러고 보니 신체적 긴장뿐 아니라, 삶의 전반적인 태도도 너무 앞만 보면서 열정적으로 달려온 게 아닌가 돌아보게 되었다. 나를 점검하고 되돌아

볼 시간이 필요하다는 생각에 명상도 하고 유연함도 얻을 수 있는 '새벽 요가'를 선택한 것이다. 일주일에 다섯 번 꾸준히 요가를 하는 것을 앞으로의 루틴으로 삼기로 했다.

요가를 하면서 가장 먼저 느끼는 건 유연성이라곤 하나 없는, 그저 힘으로 버텨 온 내 몸이었다. 쇳덩이를 들어 올리던 내가 맨몸으로 중심 잡기조차 어렵다는 걸 느끼는 순간, 내게 진정 필요한 것이 무엇인가 자각하게 된다.

오늘도 나를 마주하기 위해 부스스한 머리를 모자로 덮고 졸린 눈으로 요가원에 갔다. 첫 동작은 호흡이다. 두 손을 무릎 위에 올리고 눈을 감고 오로지 숨에 집중한다. 마음속 어느 한 초점에 시선을 두고 호흡하다 보면, 그 짧은 시간에도 수많은 흔들림이 있음을 느끼게 된다. 그 흔들림을 무리하게 바로잡으려 하지 않고, 그렇다고 너무 풀어지지도 않게 중심을 유지하며 들어오고 나가는 숨에 집중한다.

그러다 보면 숨이 이동하는 것이 느껴진다. 어느 때는 가슴으로, 또 어느 때는 등 뒤로 숨이 차오르는 느낌, 숨의 오고 감도 일정하지 않다. 호흡이 정리되면, 조금씩 동작에 들어간다. 선생님의 리드에 몸을 맡기고 무리하지 않는 선에서 최선을 다한다. 겉으로는 큰 움직임이 없어 땀이 날까 싶지만, 막상 해 보면 땀이 비 오듯 한다. 요가만큼 내 마음대로 되지 않는 운동이 있을까 싶다. 마치 끝이 없는 느낌. 수

련에 수련을 거듭하다 보면, 결국은 그 끝을 모르고 사라질 것만 같은 느낌이랄까.

오늘은 한 발 서기를 했다. 한 발바닥으로만 땅을 디디고 내 몸 전체의 중심을 잡는 동작이다. 준비 자세를 마치고 두 손과 한 발을 매트에서 떼어 본다. 몸이 흔들리고 흔들렸다. 중간중간 휘청거림이 커질 때마다 안간힘을 쓰는 내 자신을 마주한다. 몸에 힘이 잔뜩 들어간다. 넘어지지 않으려 애쓰다가, 결국 넘어졌다.

속상하지만 빨리 털어 버리고, 다시 호흡을 가다듬는다. 높아진 심박수를 진정시키며 처음 시작했던 호흡의 속도를 기억하며 돌아가려 노력한다. 그리고 다시 천천히 두 손과 한 발을 떼며 중심을 잡는다. 이번엔 아까의 실수를 복기하며, 흔들림을 느껴 본다. 작은 흔들림을 받아들이고 몸에 긴장을 최대한 빼자 흔들림이 줄어든다. 발바닥이 매트와 온전히 맞닿은 기분이 든다. 편안함에 이르렀다. 드디어 해냈다! 환희에 차는 순간, 큰 흔들림. 다시 중심을 잃고 넘어진다.

그 순간 작은 깨달음이 찾아왔다. 우리의 삶과 너무나 닮아 있다는 깨달음. 내 삶에서 내가 짊어지고 있는 것들, 원하는 목표나 그 안의 욕심, 책임감 등 이 모든 것들을 너무 꽉 움켜쥐고 있었다. 땅 위에 한 발로 중심 잡기도 어려운

나인데.

이 동작을 반복하며 배운 것은, 결국 흘러보냄이다. 흔들림도 넘어짐도 그저 흘러보내고, 다시 시작하는 것. 오랜 시간 중심을 잡았을 때의 기쁨과 환희 또한 마찬가지로 흘러보내고, 평정심을 유지하는 것. 그렇게 스스로의 중심을 잡으며 살아가야 하는 것이 아닐까.

지나가고, 다시 또 흔들리는 삶.

요가가 끝난 후 가벼운 마음으로 산책했다. 걸음이 유난히 가벼웠다. 바람을 느끼고, 햇살을 맞으며, 수많은 인연을 스쳐 지나 어느 카페에 들러 에스프레소 한 잔을 마시며 창밖을 바라봤다. 팔랑팔랑 잎들이 나뭇가지에 매달려 바람에 흔들리면서도, 꺾이지 않았다. 그것들을 하나로 연결하는 단단한 뿌리가 있어서였다.

나는 역시 지금의 삶에 단단한 뿌리를 내리는 중이다. 언제 이 뿌리가 견고히 자리 잡을지는 모르겠다. 아마 죽을 때까지 깊은 심층부를 향해 뿌리내리겠지만, 오늘도 난 나의 하루를 살며, 수많은 흔들림을 기꺼이 마주하기로 한다. 흔들려도 괜찮기로 한다.

그 철렁거림 안의 나만의 고요를 찾으려 노력해 볼 것이다.

오늘도
이겼다

　　새벽 6시. 매일 새벽 몸을 일으키기 위해 나와의 힘겨운 사투를 벌인다.
　지금 당장 일어나지 못하면 요가를 갈 수가 없다. 그러니 다른 생각들이 나의 정신에 침투하기 전에 우선 상체를 벌떡 일으켜 세운다. 아… 그런데 오늘따라 무척 힘이 든다. 조금만 더 누웠다 일어날까, 아주 조금만, 아주 잠시만 더… 그대로 푹 쓰러져 쉬고 싶지만, 쓰러지는 순간 다시 일어나는 게 두 배는 더 어렵다는 것을, 나는 그동안의 경험을 통해 알고 있다. 망설일 새를 주지 않고 그냥 눈 딱 감고 천근 같은 엉덩이를 일으킨다. 휙 몸을 굴려 '데구루루', '착' 두 발바닥이 바닥을 딛는다. 오늘도 일어섰다.

'후...'

이 모든 과정이 불과 15초 만에 일어난 일이다. 이 15초가 아마 오늘 하루 벌어질 일들 중 가장 힘든 싸움일 것이다. 하지만 결국 오늘도 난 오늘의 나를 이겼다.

이 작은 성취감, 충만함으로 하루를 시작한다.

시작이 좋다.

행운 줍기

어느 늦봄의 아침. 여름이 찾아오기 전 마지막 봄을 한 번이라도 더 느끼고 싶은 마음에 이른 아침 집을 나섰다. 시원한 바람을 맞으며 산책로를 걷던 와중 공원 벤치 위에 누군가가 먹다 버린 과자 껍데기들을 보았다. 그 모습은 마치, 토요일 밤 술에 잔뜩 취한 남녀가 심심한 입을 달래기 위해 초코 아몬드 과자 하나를 사서 벤치에 앉아 나눠 먹으며 당 충전을 하고 그대로 두고 간 흔적처럼 보였다. 얼마나 기분이 좋고 맛있었으면. 내용물은 없고 봉지만 벤치 가운데에 그대로 놓여 있었다. 나는 그들의 그런 기분 좋음을 잘 마무리해 주고 싶었다.

그래서 난 그들이 두고 간 과자 봉지를 집어 들었다. 조금 멀리 떨어져 있는 쓰레기통에 가기 위해 잠시 걷는 그 길이 무척 좋았다. 이 별것 아닌 행동이 나에게 이런 뿌듯함을 주다니. 행운을 한 스푼 먹은 기분이었다.

내가 '행운 줍기'를 시작한 지 벌써 4년째다. 2021년, 미국 진출의 꿈을 안고 비행기에 오를 당시 두려움이 가득했었다. 생전 처음 가본 미국이라는 나라는 나에게 너무나 크고 두려운 땅이었다. 그 낯선 환경에서 나를 지키기 위한 방법을 고민하다가, 세상을 위한 작고 선한 행위를 통해 나의 두려움을 지워 보면 어떨까 하는 생각이 들었다. 당시 미국은 코로나가 한창이었던 터라 도로도 삭막하고 지금과는 사뭇 다른 분위기였다. 어질러진 길가 곳곳에 선을 행할 수 있는 기회가 보였다.

하루에 딱 한 번 세상을 위한 일을 하자. 그렇게 난 넘어져 있는 킥보드를 세우고, 길에 떨어진 쓰레기를 줍고, 추억을 간직하려는 관광객들의 사진을 찍어 주었다. 이 작은 행위는 세상을 조금 이롭게 만들었고 나에게는 큰 위안이 되었다. 그때부터 하루하루 나만의 행운을 줍기 시작했다.

행운 줍기는 서울에 돌아와서도 계속되었다. 산책길에 쓰레기가 보이면 줍고, 따릉이가 쓰러져 있으면 세운다. 이렇게 살다 보니, 내 삶에서 길에 쓰레기를 버리거나 침을 뱉는 경우 자체가 없어졌다. 이 행위가 나에게 새로운 습관을 만들어준 것이다. 미국에서 무탈히 좋은 소식을 안고 귀국할 수 있었던 것도 분명 이 덕임을 믿고 있다.

그렇게 난 오늘도 쓰레기를 줍고 행운을 가졌다. 이전에는 행운이란 막연히 나와 먼일처럼 느껴졌는데, 생각을 조금만 바꾸니 쉽게 '행운'을 주울 수 있었다. 이 행운 줍기를 통해 오늘의 내가 작은 성취로 살아갈 것이다. 이 '덕'들이 쌓여 내 인생을 든든하게 서포트해 준다면, 그에 비해 매일 행동하는 이 행위는 얼마나 쉬운가.

오늘도 어김없이 공원의 끝에 다다라 돌아가려 하는데 한 할머니가 한 손엔 양산을, 다른 한 손엔 비닐봉지를 들고 공원의 쓰레기를 줍고 계셨다. 비닐봉지엔 쓰레기가 한가득 차 있었다. 그 모습에 하나 줍고, '행운을 주웠다, 선을 행했다'라고 생각한 내가 조금은 부끄러워졌다.

할머니 손에 들린 쓰레기 더미가 마치 보석같이 느껴졌다. 그 보석을 들고 묵묵히 땅과 공원을 이리저리 살피는 할머니의 모습이 너무나 멋졌다. 이대로 할머니를 지나칠 수 없다는 생각이 들었다. 나도 조금의 보탬이 되고 싶었다. 겸사겸사 할머니와 이야기 나눌 수 있으면 더 좋고.

그렇게 백 미터쯤 지났을까. 땅에 떨어져 있는 찢어진 종이 티켓 한 장을 발견했다. 반쯤 찢어진 그 티켓 앞면엔

'Rising Star'라는 공연의 이름이 적혀 있었다. 이름도 기분 좋고, 쓰레기를 찾아 더 기분 좋고. 괜스레 쓰레기를 주우며 소원을 빌어본다. 할머니와 잠깐의 대화를 나눌 명분도 충분해졌다. 작은 보석을 집어 들고 다시 뒤를 돌아 할머니에게 다가갔다.

"안녕하세요, 할머니. 저도 보탬이 될까 해서 하나 주워 왔어요."

살짝 놀란 듯하시다 이내 웃으신다.

"어이구~ 그래. 고맙네."

"매일 자발적으로 공원을 청소하시는 거예요?"

"여기 청소하시는 분들이 있긴 한데, 성에 안 차. 그럼 내가 나서서 치워야지. 깨끗하고 좋잖아."

"와~ 할머니 정말 대단하세요. 고맙습니다, 할머니!"

"아니야~ 이게 우리 스타일이야. 내가 하는 게 편해."

그녀는 누군가를 위한 게 아니라, 스스로의 만족을 위해 움직이고 있었다. 밟힐 수 있는 지렁이를 흙으로 옮기는 할머니의 모습에서, 모든 살아 있는 생명을 위해 순간을 살고 있는 천사의 모습을 보았다.

나는 그렇게 오늘 만난 봄날의 천사를 마음 깊이 새겼다. 그녀로부터 살아 있는 것을 사랑하는 법을 배웠다. 몰랐던 것이 아니라, 하지 않았던 것이었다. 그저 내 마음이 끌릴 때가 있는 것 같다. 그 '때'라는 것. 참 묘한 단어다.
지금 나는 이 살아 있는 순간이 아름답게 보이는 '때'다.

한국의 여름

우리나라엔 사계가 있다.
봄, 여름, 가을, 겨울.
이전엔 사계가 이토록 축복스러운지 몰랐다.
추운 칼바람에는 뜨거운 여름을 바라고
찌는 듯한 더위에는 코끝 시린 겨울을 바랐다.
계절의 흐름을 타지 못하고
아직 내게도 오지 않은 계절만 좇았다.

허나, 이제 나는 계절의 흐름에
살포시 몸을 맡길 준비가 돼 있는 듯하다.
꽃이 피어나는 것을 보고,

벚꽃이 흩날리는 것을 보고,
그 분홍의 벚꽃잎 사이에 푸르른 새싹이 돋아날 때
여름이 오는 것을 느낀다.

두꺼웠던 사람들의 몸이 나비처럼 가벼워지고,
공원 길에 푸르른 미소들이 가볍게 번지는 것.
나는 이를 여름이라 생각한다.
푸르른 웃음.
나는 또 한 번 이 푸르른 웃음을 맞이하려 한다.
몸으로, 마음으로.

나만의
레이스

요새 날씨가 좋아서 그런지 새벽 러닝을 하는 사람들이 부쩍 늘어났다. 여름엔 날이 금방 더워지는 탓에 나도 새벽 러닝을 선호하지만, 막상 제삼자 입장에서 뛰는 사람들을 보니 대단하게 느껴졌다.

이들을 조금 관찰해 보았다. 속도가 빠른 선두와 적당한 페이스로 뛰는 중간 러너들, 그리고 숨을 헐떡이며 뛰는 후발 러너들로 나뉘었다. 선두 그룹은 그들끼리 속도 경쟁이 치열해 보인다. 몰입해서 앞만 보고 뛰는 모습이다. 빠른 속도임에도 같이 뛰는 러닝메이트가 있어서인지 페이스를 유지하는 것 같다. 그들의 눈빛에서 꼭 이 페이스로 완주할 거야 하는 뜨거운 열정이 보인다.

중간 러너들은 나름의 자기 페이스를 갖고 있는 듯 보인다. 침착한 호흡을 유지하려 노력하고, 적당한 속도로 달려 나가는 모습이다. 이들의 특징은 뭘까, 흔들림이 없는 시몬스 같은 느낌. 그렇다고 아까 선두 그룹에 흔들림이 있다는 건 아니고. 선두 그룹은 강한 에너지가 흐르는 느낌이라면, 여기는 그보다는 훨씬 폭신폭신 말랑말랑한 느낌이다.

그리고 후발 러너들. 후발 러너들 사이에선 대화 소리가 들린다. 후발 러너 중 한 분이 반대편에서 달려오는 선두 주자를 보고 말한다.

"어머, 벌써 온다, 어떡해? 꺄르르."

"미쳤어, 진짜네. 벌써 오네."

"에잇."

"아냐, 우린 우리만의 페이스가 있어!"

"맞아! 울페!"

입가에 미소를 가득 안고 뛰는 모습.

그래. 맞다. 반 바퀴 앞서가는 그룹이나 반 바퀴 뒤처진 그룹이나 마지막 결승선은 같다. 지금 당장은 선두 주자와 후발 주자로 나뉘는 듯 보여도 결승선을 통과하고 나면 결국 마지막은 함께다. 1등이라는 개념은 인간이 구분 짓기 위해 만든 것일 뿐 선두도, 중간도, 후발도 각자 나름의 의미를 안고 뛴다.

우리의 삶은 1, 2, 3등을 뽑는 스포츠 경기가 아니다. 그저 모두에게 똑같이 주어진 마지막 결승선*(아마도 죽음)*을 향해 달리는 것이다. 여기에 경쟁은 무의미하다.

친한 지인이 요새 골프를 열심히 하는 나에게 말했다.

"넌 복싱이나 축구나 이런 활동적인 스포츠를 좋아할 줄 알았는데, 의외네?"

나는 대답했다.

"형, 요새 타인과 부딪히고 경쟁하는 데는 흥미가 없어요."

명확히 승패와 희비가 엇갈리는 상황 속에서 각자의 생각과 이유로 감정의 파편이 튀고 상대에 따라 나의 반응도 달라지는 행위가 부질없게 느껴졌다. 내 본연의 페이스를 잃는 기분이랄까. 더군다나 즐겁자고 하는 취미 활동에 말이다.

골프가 재밌는 건, 18홀을 돌고 장갑을 벗을 때까지 '나와의 싸움'이기 때문이다. 주변의 말소리, 환호, 야유, 함께하는 사람들의 플레이와 스코어, 이런 모든 것을 내려놓고, 단 한 샷에 집중하는 것. 이 행위가 내가 매일 하는 삶의 루틴과 닮아 있다고 느낀다. 매일 1시간씩 영어와 일본어를 공부하고, 책을 읽고, 일기를 쓰고, 걷고, 운동하는 일련의 행위들, 이 역시 나와의 싸움이다. 게으름 피우고 싶은 나와의 치열한 싸움.

누군가는 경쟁이 재밌어서 하는 것이라고 말할 수 있겠다. 그 또한 그 사람에게 맞는 방식이라 생각하며 존중한다. 그저 최근에 나는 아닐 뿐이다.

우리는 어릴 때부터 알게 모르게 경쟁에 노출되었다. 반에서 몇 등인지, 키는 몇 번째인지, 무슨 상을 탔는지, 학교에서도 학원에서도 등수로 나라는 존재를 정의하려 했다. 나는 사랑하는 친구를 질투해야 했고, 누군가를 '이겨야만' 한다는 감정이 마음에 들지 않았다. 어린 내게 그건 너무 낯설고 불편한 감정이었다.

그때 나의 어머니는 이렇게 말씀하셨다.

"1등 하지 않아도 돼. 그건 그냥 숫자일 뿐이야. 대신 엄마는 네가 하겠다고 한 건, 끝까지 최선을 다했으면 좋겠어. 혹시 그게 하기 싫어질 땐 그만해도 돼. 다만 할 땐 최선을 다해. 그뿐이야."

최선을 다해라. 이 말은 나의 자양분이 되어 지금까지, 지금 이 순간에도 나를 움직이게 한다.

이 세상에 얼마나 많은 1등이 존재하는가.

1등이 되기 위해 흘린 노력과 땀방울은 존중받아 마땅하다. 그러나 1등에게도 '다음'이 존재한다.

그 다음이 있기에 1등은 숫자에 불과하다.

1등을 하기 위한 삶이 아닌, 그저 나를 성장하게 하기 위한 삶을 살다 보면, 언젠가 '다음'이 두렵지 않을 만큼 단단해진 내가 되어 있을 것이다.

하늘색

휴대폰 없이 산책하는 것에 익숙해지고 있다. 내가 휴대폰을 할 땐 몰랐는데, 지금 보니 너무나 많은 사람들이 길을 걸을 때나 지하철, 버스 안에서, 심지어 일행과 함께 있는 카페에서도 고개를 푹 숙이고 있었다. 문득 이런 생각이 스쳐 지나갔다. 만약 이곳이 화려한 백화점이라면, 그래도 여전히 휴대폰만 바라보고 있을까? 어쩌면 일상에서 마주하는 자연의 선물이, 백화점에 진열된 그 어떤 명품보다 더 귀하고 값진 것일 텐데.

10살 때였던 것 같다. 아버지와 어머니와 큰아버지 댁으로 향하는 차 안, 나는 뒷자리에 누워 창밖의 하늘을 보며 가고 있었다. 라디오에서 DJ가 사연을 읽다가 청취자에게 이런 말을 건넸다.

"힘이 드실 땐 고개를 들고 하늘을 보세요. 아주 잠시만. 우리는 가끔씩 시선을 돌려서 하늘을 볼 필요가 있습니다. 그렇게 잠시 나에게 숨을 고르는 시간을 줘 보세요."

그 말이 내 어린 마음에 깊은 울림을 주었다. 그 이후로 나는 숨이 막힐 때마다, 마음이 답답할 때마다, 생각을 정리하고 싶을 때마다, 기쁨을 느끼고 싶을 때마다, 감사함을 표현하고 싶을 때마다 고개를 들어 하늘을 바라본다. 그 드넓음이 주는 웅장함이 답답한 가슴을 탁 트이게 해 준다.

어쩌면 우리는 삶 속에서 우리를 위로해 줄 무언가를 자꾸만 멀리서 찾고 있는지도 모른다. 사실 바로 내 눈앞에 있는 가장 가까운 것들을 통해서도, 그저 잠시 고개만 들어도 우린 충분히 위로받을 수 있음을, 고개 숙인 모두가 알았으면 좋겠다. 하늘은 언제나 그 자리에 있다. 우리가 올려다보지 않을 뿐.

때로는 내가 발견한 이 작은 행복이 너무 소중해서, 나만 알기에는 아깝다는 생각이 든다. 아무리 보아도 닳지도 않는, 나만 보기 아까운 오늘 이 하늘의 색깔을 모두가 함께 즐겼으면.

평화

무더위의 시작인지 어제부터 부쩍 더워졌다. 올해의 여름은 정말 얼마나 더울지. 한바탕 땀을 흘리고 뜨거운 햇살을 피해 나무가 우거진 길로 들어선다. 그늘 아래로 들어서는 순간 언제 그랬냐는 듯 시원한 바람이 불어온다.

평화로운 이 순간.

그늘이 있다는 것, 그것은 세상의 양면이 존재한다는 것을 아주 단편적으로 보여주는 것 아닐까.

비둘기 무리가 한데 모여 땅에 있는 모이를 쪼아 먹고 있다. 나무 사이로 자신의 존재를 드러내려는 태양이 고개를 내밀지만, 우거진 나뭇잎들이 한 치의 양보도 없이 그늘이 되어 준다. 그 아래에서 평화롭게 무언가를 쪼아 대며, 서로

모일 듯 모이지 않고 각자의 방식으로 움직이는 비둘기들. 아무 일도 없는 듯 그저 서로를 스쳐 지나간다.

수없이 고개를 까딱이며 바쁜 듯하면서도, 한편으로는 아무 생각이 없어 보이는 비둘기들. 그러고 보니 비둘기는 평화의 상징이 아니었던가.

최근 뮤지컬 '영웅'을 본 후, 내 머릿속을 계속해서 맴도는 단어가 바로 '평화'다. 안중근 의사의 이야기를 담은 작품을 통해, 조국의 독립과 평화를 위해 목숨을 바친 한 사람의 삶이 무대 위에서 배우들의 연기와 노래로 재현되는 감동은 역사책이나 교과서와는 또 다른 울림으로 내 가슴에 남았다.

너무 익숙해져서 잊고 있었지만, 지금 우리가 누리는 이 평화는 이 땅에서 태어나고 사라진 수많은 별들의 노고로 만들어진 것이다. 독립운동가들뿐 아니라, 끊이지 않는 외세의 침략에도 굴하지 않고 굳건하게 나라를 지킨 선조들의 희생이 있었다.

안중근 의사가 마지막 순간까지 품은 가치가 '조국의 평화, 동양의 평화'였다고 했다. 그때나 지금이나 동양은 서방 국가의 힘의 논리에서 크게 벗어나지 못한 듯하다. 그들이 우리의 내부적 문제, 남북을 이용하는 것도 여전하고, 중국과 일본의 관계를 이용하는 것도 마찬가지다.

여전히 세계 각지에서는 전쟁이 일어나고 사람들이 죽어가고 있다. 우크라이나 전쟁, 팔레스타인 분쟁 등 내가 지금 이 글을 쓰는 이 순간에도 그들은 전쟁의 공포 속에서 살아가고 있다. 인간은 정말이지 동물 중 가장 잔혹한 종인 것 같다. 아무 이유 없이 동족을 살해하는 동물은 오로지 인간밖에 없지 않을까. 이런 사람들의 잔혹성을 부추겨 갈등을 유발하고 전쟁을 일으키는 이들. 권력을 가지려는 힘의 논리 아래 일어나는 전쟁들, 싸움들. 그들만의, 그들을 위한 힘겨루기.

사실 인간이라면 누구나 평화를 원할 것 같지만, 그렇지 않은 자들의 야욕과 이기심 때문에 이런 비극이 계속되는 것은 아닐까. 서로를 그저 존중하고 공동체로서 도울 건 서로 돕고, 전쟁하지 않고 대화와 타협으로 갈등을 해결해 나간다면 참 좋으련만. 이것이야말로 판타지인 것 같다. 외계인이 지구에 침공하고, 혜성이 지구와 충돌하고, 해리 포터가 날아다니는 그런 판타지보다, 우리 현실 자체에서 '평화'라는 단어가 판타지가 되어버린 것이 비극적이다.

미국에 있을 적 뮤지컬 '도산'을 하며 안창호 선생님과 김구 선생님, 서재필 선생님, 이승만 대통령 등 그 당시 시대적 배경과 인물에 대해 열심히 탐구했던 적이 있다. 그때도 낯선 땅으로 가서 조선인들과 함께 피땀 흘려 번 돈을 독립

자금으로 보내고, 세계 각지에 있는 조선인 노동자들을 만나 계몽시키려 노력하셨던 안창호 선생님의 희생이 무척 인상 깊었다.

그렇게 배움을 터득한 사람들이 노동을 통해 돈을 벌고, 그 돈을 다시 독립자금으로 운영하고, 이를 받아 간신히 버텨 내던 상해 임시정부 사람들까지. 그들은 목숨을 바쳐 대한의 독립을 지켰다. 잔혹한 동물이 사람이기도 하지만, 무엇보다 따뜻한 동물도 사람인 것이다.

평화라는 가치 속에서 함께 희생하고 투쟁한 독립투사들의 심장은 지금 우리에게도 여전히 뜨겁게 울리고 있다. 얼마나 가슴 벅차고 아름다운 역사인가. 대한민국 국민으로서 이러한 역사가 있다는 것은 정말이지 자부심을 가져도 될 일이다.

우리도 모르는 사이에 우리의 위인들이 세계에서 높이 평가받고 있는 경우가 많다. 특히 도산 선생님은 미국에 그의 호를 딴 도로도 있고, 생전에 가족들과 함께 살던 집이 미국의 명문대학인 'USC' 내에 보존되어 있다. LA의 '리버사이드'라는 곳에 가면 세 명의 위인 동상이 세워져 있는데, 도산 선생님을 제외한 함께 있는 두 명의 위인이 누구인지 알면, 세계인들이 도산 선생님을 어떻게 생각하는지 느낄 수 있다. 미국의 한복판에 안창호 선생님의 동상이 세워져 있고,

그 옆으로 간다, 마틴 루터 킹의 동상이 함께 있다.

미국에서 이 사실을 알고 정말 깜짝 놀랐고, 동시에 부끄러움이 밀려왔다. 우리가 자긍심을 갖고 살아가야 할 토대인 분들이 우리의 손이 아닌 타인의 손에 의해 더욱 조명되고 있다는 것이 부끄러운 일이었다. 안창호 선생님의 위상이 그 먼 미국 땅에서 저렇게 자리 잡고 있다니. 아마도 우리나라의 독립만이 아닌 진정한 '평화'의 가치를 지향한 인물이기에 아직도 평가받고 있는 것이 아닐까.

내가 지금 이렇게 신선한 바람을 맞고, 커피 한 잔을 즐기고, 예쁘게 조성된 공원을 거닐 수 있고, 전쟁의 두려움에서 벗어나 살 수 있고, 행복한 저녁을 맞이할 수 있는 것. 내게 앞으로 수없이 다가올 평화의 순간들이 모두 그들의 희생 덕분이라는 것. 그들이 끝까지 지켜 낸 가치 덕분이라는 것.

최근에 알게 된 사실인데, 효창공원에는 효창운동장만 있는 것이 아니라 네 명의 위인의 묘가 있다. 그 묘를 조성하신 분이 김구 선생님이셨는데, 그곳에는 이봉창 선생님, 윤봉길 선생님, 김구 선생님의 묘가 있다. 그리고 아직도 돌아오지 못해 비워 둔 한 자리, 안중근 선생님의 묫자리까지. 아마 이렇게 가까이에서 볼 수 있다는 사실에 놀라게 될 것이다.

나는 평화를 지향한다. 내 삶의 평화, 내 가족의 평화, 내

이웃의 평화, 내 국가의 평화, 그리고 아시아, 세계의 평화까지.

사람이 사람을 죽이는 일은 더 이상 없었으면 좋겠다. 그저 사랑이라는 가치가 통용되는 사회이기를 바랄 뿐이다.

지금도 안중근 의사의 시신은 일본 어딘가에 묻혀 있다고 한다.

이 말을 꼭 기억했으면 좋겠다.

"역사를 잊은 민족에게 미래란 없다."

그리고 평화를 잊은 인류에게 희망이란 없다는 것도.

그늘 아래 앉아 이 모든 생각을 하다 보니, 비둘기들이 한 마리씩 날아올라 하늘로 향한다. 평화의 상징이 그리는 자유로운 비행. 나도 일어나 다시 발걸음을 옮긴다. 오늘의 평화를 감사히 여기며, 내일의 평화를 위해 무엇을 할 수 있을지 생각하면서.

삶

아스팔트에 피어난 하얗고 노란 꽃들을 보며
생명의 경의를 느끼고
그들의 아름다움에 감사를 표한다.

봄이 지나고 여름이 옴은 푸릇한 나뭇잎들이 생경히 피어날 때,
   그 푸르름 사이로 따스한 햇살이 부서질 때,
   나의 눈으로 그것을 바라보고 있을 때,
   난 나의 삶에 감사한다.

   모든 맑음은 나의 마음으로부터 나온다.

내가 바라보고 있는 것이 실체가 아니라,
내가 느끼고 있는 것이 실제다.

보는 것보다 담는 것.
하나하나 차곡차곡 나의 실제를 담아 가고 싶다.
한 가지 더 바란다면, 그대의 삶 또한 그러하길.
우리는 가장 가까이에 피어 있는 꽃들을 보며, 사랑해야 한다.
어차피 꽃은 질 테니. 그리고 새로운 생명이 그 자리에 다시 피어날 테니.

지금,
존재하는 모든 것을 사랑해야 한다.
그것이 삶이다.

엄마

어제 엄마와 대화를 나누고 나서부터 계속 엄마의 표정이 잊히지 않는다.

어제 엄마와 저녁을 먹으며 반주를 기울였다. 엄마는 속이 상하는 일이 있었는지 그날 있었던 일을 털어놓았다. 나는 엄마의 이야기를 들으며 '이렇게 하지 그랬냐, 저렇게 하면 되지 않냐' 대안을 제시했다. 입을 다문 엄마의 눈에는 형용할 수 없는 여러 감정이 얽혀 있었다.

아차 싶었다. 엄마가 원했던 대답이 아니었다. 그저 위로가 필요했던 걸까. 나는 왜 위로만 건네지 못했을까. 나는 소위 요즘 이야기하는 MBTI의 'T'다. 하지만 'F'도 함께 공존한다. 나는 생각했다. T라고 치부하며 솔직하고 현실적인 이야기를 당연시하는 것이 어떤 의미가 있을까. 친구도 아닌 심지어 나의 부모에게. 우리 부모는 내가 어렸을 적 자신의 세상과 눈높이가 맞지 않은 어린 나에게 늘 F의 마음이었을 텐데. 자신들은 T일지라도. 이렇게 생각하니 T든 F든 중요하지 않았다. 그때 가장 중요한 건 사랑하는 사람을 향한 따뜻한 공감과 위로뿐이었다. 어차피 돌아서면 나의 삶을 살 테니.

그렇게 어제의 일에 대한 마음을 안고 길을 걷는데 앞에서 걷는 한 아주머니가 누군가에게 전화를 걸었다.

"엄마! 나 큰딸이야! 아침 잡쉈어?"

아마 귀가 잘 안 들리시는 듯, 아주머니는 수화기를 입 가까이 대고 우렁차게 외쳤다.

"응, 엄마 목소릴 듣고 싶어서 전화했지. 응, 그래, 알겠어."

어제의 일 때문인지 '엄마'라는 두 글자가 귀에 박혔다. 아주머니가 걱정하는 엄마와 내가 걱정하는 엄마는 우리에겐 너무나 위대한 존재였다.

엄마. 내가 세상에 나와 가장 먼저 한 말. 엄마의 뱃속에서 나와 엄마의 젖을 먹고 잠만 자던 그때도, 젖병을 물고 엄마 등에 업혀 엄마의 머리카락을 잡아당기며 칭얼대던 그때도, 아장아장 걸으며 '엄마'만 찾던 그때도, 미운 4살이 되어 말 안 듣고 장난감 사 달라 떼쓰던 그때도, 유치원에서 만난 산타 할아버지가 가짜였다고 울던 그때도, 초중고 학교를 졸업하고 군에 입대하던 그때도. 태어나 지금까지 모든 순간에 엄마가 있었다. 늘 사랑으로 나를 기다려주고 보살펴준 엄마가.

이제서야 어제의 내가 주제넘었음을 자각한다. 나는 왜 엄마에게 그런 존재가 되어주지 못했을까.

어려서 엄마가 치마를 입고 학교에 오면 친구들이 "와~ 너네 엄마 예쁘다"라고 했다. 멋쟁이였던 우리 엄마는 친구들에게 '예쁜 엄마'였다. 왠지 모르겠는데 어렸을 땐 그게 참 부끄러웠다. 우리 엄마는 참 예뻤다. 지금도 예쁘다. 며칠 전 미용실에서 머리를 하고 나온 엄마가 예쁘게 한 머리를 보이며 내게 물었다. '어때?'. 그 말을 듣고 '예뻐' 이 두 글자가 마음속에 맴돌았지만 쉽게 나오지 않았다. 결국 "괜찮은데? 예쁘게 잘됐네"라고 에둘러 말했다. 그때 엄마에게 "예쁘다"라고 말해 줄걸. 꽃도 "예쁘다"라고 말하면 더 예뻐진다는데. 엄마에게 '예쁨'만 받으며 자란 내가 정작 그 말을 엄마에게 돌려주지 못한 것이 참으로 미안했다. 그 말은 수천 번을 외쳐도 닳지도 않는데 말이다. 지금 이 자리를 빌려 지금의 나를 존재하게 해준 엄마에게 영원히 지워지지 않을 외침으로 남기고 싶다.

세상에서 가장 사랑하는 엄마에게, 아끼지 말아야지.
앞으로 더 많이 표현하고 사랑해야지.
예쁘다, 엄마 참 예쁘다.

여유의 바다

두려움은 어디에서 피어나는 걸까. 내 마음 한편의 어떤 불씨로부터 피어오르는 것일까. 가끔 두려울 때가 있다. 아니, 가끔이 아니라 매번일지도. 그 두려움이 나의 모든 사고를 자연스럽지 않게 만든다. 난 그 두려움을 잊으려 아무것도 아니라며 스스로 외쳐 댄다. 하지만 쉽게 물러서지 않는다. 그렇게 묵묵히 외치다 보면, 다행히 어느새 모든 두려움이 지나가 있다.

내 안에는 부정의 '악'이 존재한다. 나 자신도 어쩌지 못해 그저 심연 깊숙이 절제라는 자물쇠도 달아 꽁꽁 묶어 두었다. 혹여나 떠오르지 못하도록. 이 자물쇠가 풀리지 않을 거란 확신은 나도 할 수가 없다. 당연히. 한낱 인간이니까.

그러나 이러한 걱정은 여유라는 바다 앞에선 모든 것이 무용해진다. 개울도 아니고 샘도 아니고 광활한 바다. 긍정의 물줄기가 모여 만든 바다. 모든 것을 덮는 잔잔한 바다. 여유 앞에서 '악'은 한없이 작아진다.

내 모든 부정의 에너지는 내 스스로 여유가 없을 때 나타나게 되어 있다. 그래서 그만큼 마음의 여유를 잘 지키는 것이 중요하다고 생각한다. 어쩌면 의외로 심플한 방법일 수 있다. 결국 내 마음이니. 다만 노력이 따라야 한다는 점은 분명하다.

결국 악에 맞서기 위해 여유의 바다를 넓혀야 한다. 그 바다의 끝이 보이지 않을 만큼. 내가 한껏 안을 수 없을 만큼. 그저 멍하니 저 먼 수평선을 바라보며 바람을 맞을 수 있을 만큼. 그런 크나큰 바다를 내 마음에 두어야 한다.

무언가 날 사로잡으려 들 때, 내 마음의 바다 앞에서 그저 숨 한 번 크게 내쉬면 된다. 그 여유가, 여유의 바다가 결국 그 위에 '선'이라는 배를 띄울 테니.

그러니, 그려 보자.
나만의 바다,
여유의 바다.

2부

아무렴 어떤가

고독과
잡생각

우리가 부정적인 말로 흔히 쓰는 표현, 잡생각. 다른 말로 쓸모없는 생각, 잡념. 나는 이 말에 대해 들여다보았다. 잡생각을 들여다보니, 왜 이 친구에게 이런 부정적인 의미가 이름 지어졌을까 생각했다. 하다못해 꽃에 물을 줄 때도 잘 자랐으면 하는 마음과 따뜻한 시선을 건네는데, 우리는 왜 내 뿌리로부터 나오는 생각에 '잡생각'이라는 이름을 붙여 주었을까.

나는 가만히, 이 생각이 정말 잡생각일까 들여다보았다. 지금 내가 글을 쓰며 하는 이 생각이 잡생각일까? 아니었다. 잘 들여다보니, 귀한 생각이었다.

옛 우리 선조들은 '천한 놈', '잡놈'이라 칭하며 계급을 나누고 사람들에게 계급을 인식시키며 하대했다. 현시대에도 자신의 견해와 맞지 않으면 모두를 개, 돼지로 취급하는 사회 분위기가 만연하다. 다름을 인정하지 않고, 다름을 '틀림'으로 치부해 버리는 행동들이 우리를 어지럽힌다.

  '틀림'이란 것이 정말 존재하는지, '정답'이란 것이 있는 것인지 알 수 없는 인생 속에서 우리는 자꾸만 정답을 찾고, 정의하려 든다.

  어느 일요일 아침. 아침으로 먹기 위해 달걀을 풀고 옛날 소시지를 구우려 준비하고 있었다. 평소에는 요리를 하거나 설거지를 할 때 뉴스나 내가 듣고 싶은 음악, 드라마를 주방 한 편에 습관처럼 틀어 놓는다. 그날은 왜 그랬는지 아무것도 틀어 놓지 않았다. 그래서일까. 소시지를 먹기 좋게 자르다 순간 멈칫했다. 내 귀에 들리는 것이 고요와 적막뿐이었기 때문이다. TV 소리도, 음악 소리도 없는 고요. 나는 그 고요가 불편하다는 생각이 들었다.

  그래서 칼을 잠시 내려놓고 내 손을 보았다. 음악을 틀기 위해 손을 닦고, 저 너머에 있는 휴대폰을 집으러 가야겠다고 생각했다. 그렇게 휴대폰을 집으러 가는 순간, 옆 인덕션에 기름을 둘러놓은 프라이팬이 "네가 휴대폰으로 보고 싶은 콘텐츠를 찾는 동안 시간이 지나면, 나는 어떡해?"라고 말하는 것 같았다. 아니, 정확히 말했다. 프라이팬의 말에 망설이던 찰나, 이 고요가 단순한 고요가 아니었음을 느꼈다.

고요 속에서 나의 소리가 들렸다. 나의 외침이 고요 속에서 비로소 크게 뚜렷하게 들렸다. 나는 이 목소리를 따라가 보기로 했다. 다시 칼을 들고 소시지를 툭툭 자르며 생각했다.

'아, 이런 게 잡념인가?'

잡념과 번뇌는 나를 괴롭히는 것인 줄만 알았는데, 들으면 들을수록, 생각하면 생각할수록 재미있고 귀했다. 그저 나의 생각이 흘러가는 대로, 내 어느 구석에서 나오는 목소리를 듣는다는 것. 이 평범함이 비범하게 느껴졌다.

잡념과 번뇌를 비관적으로 생각하지 않고, 단정 지으려 하지 않고, 그저 흘려보내며 아무런 힘도 주지 않은 어떠한 방향으로 유영할 수 있다면, 잡념은 잡념이 아니게 된다. 내가 '잡념'이라 구분짓지 않고 '귀한 생각'으로 대하면 스스로 내 생각의 가치를 높일 수 있다는 생각이 들었다. 사실 천한 것과 잡것, 귀한 것의 구분도 없다고 생각하지만 말이다.

살아 있는 이 순간에 내가 느낄 수 있는 최대치를 경험할 수 있는 기회는 내가 나의 사유를 어떻게 대하느냐에 달려 있다. 나의 사유를 대하는 이는 타인이 아닌 오직 나다.

휴대폰과 TV, 주변의 소리들이 얼마나 나의 주의를 빼앗고 나를 어지럽혔는지, 그리고 얼마나 많은 '정답'들을 나에게 주입시켰는지 깨달았다. 소시지에 달걀물을 입히는데 데카르트의 말이 떠올랐다.

"나는 생각한다, 고로 존재한다."

이 말을 떠올리며 젓가락으로 달걀물을 휘저었다. 살아 있다는 느낌이 들었다. 살아 있다는 최고의 증명은 존재함이다.

우리는 모두 존재함을 증명받고 싶어 한다. 그래서 어떤 야망과 야욕이 마음속에서 피어나는 걸 테다. 타인에게 인정받고 싶은 욕구, 외부로부터 인정을 얻으려 했던 나의 과거의 모습이 떠올랐다. 어제도, 조금 전에도 그랬던 나의 모습을 마주하니, 부끄러웠다.

'나는 이만큼 노력하고 있어. 이만큼 하고 있어' 인정받고 싶은 마음. 내가 통제하지 못하는 내 마음들이었다.

달걀물을 묻힌 소시지를 프라이팬 위에 올렸다. 살짝 기름이 탔지만, 지글지글 기름에 튀겨지는 모습이 영롱했다. 이 한 번의 젓가락질에도 나는 생각했다. 태우지 말아야지. 그리고 '잡놈', '잡생각'을 '귀한 놈', '귀한 생각'으로 바꿔야지.

한쪽 면이 노릇하게 익은 것 같아 하나하나 뒤집었다. 색깔이 아주 맛있게 익었다. 좋은 타이밍이라는 생각이 들었다. 중앙에 있는 소시지들은 가장자리의 것들보다 조금 더 익었지만, 그래도 먹음직스러웠다. '조금 타면 어때.'라는 생각이 들었다.

다른 한쪽 면을 마저 익히며 또 생각했다. 살아 있다, 고 생각하는 나는 살아 있다고. 지금 이 순간, 나의 생각이 얼마나 귀한지, 생각에 가치를 부여하고, 생각을 존재 이유로 받아들이니, 마침내 나의 존재함이, 진정 살아 있음이 느껴졌다.

오늘 아침까지 읽어 가던 카뮈의 '이방인'이 떠올랐다. 나는 이 책을 읽으며 미친 듯 밑줄을 그었다. 한 챕터에 한 번은 꼭 빨간 펜으로 카뮈의 생각에 밑줄을 그었다. 몇 번이나 소름이 돋았는지 모른다. 글 속에 살아 숨 쉬는 카뮈의 시대와 지금 나의 시대가 다르지 않다는 것이, 놀라웠다.

카뮈의 글은 주인공이 생각하는 모든 것이 고스란히 담겨 있다는 점에서 좋았다. 한 땀 한 땀의 회상과 생각의 흐름이 진솔하게 느껴졌다. 카뮈는 '이방인'을 쓸 때 주인공이자 창작자로서 순순히 존재하지 않았을까 생각했다.

프라이팬 가운데 있는 소시지 하나를 뒤집어 확인했다. 앞뒤가 노릇하게 익었다. 키친타월을 깐 반찬통에 하나하나 차곡차곡 옮겨 담았다. 평소 같으면 툭툭 내려놓았을 소시지를 오늘은 마치 명절날 전을 옮기듯 귀하게 담았다. 내가 귀하게 여기니, 반찬통 속 소시지들도 귀한 자태로 옮겨졌다.

이거였다. 나의 생각을 나 스스로 귀하게 여기는 것. 흔히 "고독을 즐겨야 한다"라고 하는 말이 무슨 말인지 이해가 조금 되었다. 고독은 나의 소리를 가장 잘 들을 수 있는 순간이라는 것. 고독은 어두컴컴한 방 안에 혼자 스탠드를 켜고 앉아 있을 때만이 아니라, 이 소시지를 굽는 순간에도 함께한다는 것. 고독은 생각보다 가볍다는 것. 우리는 모든 것을 가볍게 여길 줄 알아야 한다는 것. '가볍다'는 말의 정의를 다시 생각해 봐야 한다는 것. 힘을 빼야 한다는 것. 마주하는 것 또한 가볍게 해야 한다는 것. 오늘 고독의 결과다.

결국 나는 현실로 돌아와 소시지를 씹었다.
잘 구워졌다는 생각과 함께, 참 맛있다는 생각이 들었다.
분명 수백 번은 먹었던 소시지였는데도 말이다.

심우도

　　심우도. 어떤 섬 이름 같기도 하고, 고깃집 이름 같기도 한 이 단어가 이상하게도 내 귀에 쏙 들어와 박혔다. 처음 들었을 때부터 정겹게 느껴진 이 단어를 알고 나서 내 인생의 전과 후가 완전히 달라졌다.

　　라디오 방송 중 보만 스님과의 대화에서 나온 이야기였다. 스님은 내게 십우도에 대해 알고 있느냐고 물었다. 절에 가면 십우도 벽화가 있는데, 이는 잃어버린 소를 찾아 떠나는 사람의 여정을 담은 그림이라고 했다. 그림 속 인물이 마침내 소를 찾아 내려 오는 마지막 장면이 인상적인데, 소를 몰며 내려오거나 끌고 내려오는 것이 아니라 타고 내려온다고 했다. 스님은 이렇게 설명해 주었다. 우리는 마음속 잡념이나 생각을 통제할 수 있는 존재가 아니며, 이는 끌고 오는 것이 아니라, 결국은 함께 타고 오는 것이라고. 자신의 부족함이나 불편함이 무엇인지 자각하는 순간이 바로 소를 찾으러 나서는 첫걸음이라고. 그 자각은 내면을 초연히 바라보는 것에서 시작된다는 말씀이었다.

나는 이 말에 완전히 동의했다. 지금껏 내가 살아오며 '깨달았다'고 여겼던 수많은 경험들이 다시 다른 모습으로 삶 속에 나타났을 때, 과연 나는 그것을 붙잡고 내려올 수 있을까? 마음의 요동침을 내가 통제할 수 있을까? 아니다. 할 수도 없고, 될 수도 없는 일이었다. 그래서 결국 함께 타고 내려온다는 말이 더없이 와닿았다. 시간의 흐름에 올라타는 것. 내 마음이 어떤 상태이든 그냥 지금의 시간과 함께 타고 내려오는 것. 이것이 바로 순간을 산다는 것이었다.

삶을 뜻대로 통제할 수 있는 사람은 이 세상 어디에도 없다. 우리가 지금 이 지구에서 아니 우주에서 흘러가는 모든 것을 어떻게 부여잡을 수 있겠는가. 지금 이 시간 위에 올라타는 것도 결국 내 몫이라는 생각이 들었다.

스님은 본인의 스승이 매일같이 반복했던 말씀을 내게 해주었다.

"심각하면 진지하면 속은 거야. 무엇을 속았냐, 이 세상이 한 찰나도 남지 않고 사라지고 있다는 걸 잊은 거야."

왜 우리는 어떤 일을 해결해야 할 때 진지해야만 하는가. 진지함으로 해결되는 일은 없다. 불이 나면 불을 끄면 되지 진지하게 끌 필요가 없다는 말이다. 우리는 불을 끄기 전부터 미리 힘이 들어가고 진지해지고 심각해진다. 그 진지함은 내면의 화를 불러오고 그것은 항상 자기 파괴를 불러온다. 나는 왜 이 정도밖에 못할까, 안 될까 하는 자책으로 온다. 스스로를 작게 만드는 것. 이 모든 것의 시작이 진지함에서 나온다. 그 어떤 것도 아닌 '나'로부터 나온다는 것이다.

인생의 결말은 우리가 전혀 알 수 없는 영역인데. 왜 우리는 우리가 알 수 없는 이 영역에 대해 아주 심각하게 생각하고 바라보고 힘을 주며 살아가는 것일까. 때로는 내 뜻대로 안 됐을 때 즐거운 일도 있다. 영화나 소설을 볼 때도 내 생각과 다른 결말이 나올 때 우리는 그것에 열광하고 재밌어한다. 심지어 귀신이 나와도 재밌어하지 않는가. 우리가 우리 삶을 즐기지 못하는 이유는 진지함에 있다.

그날 스님에게 꼭 물어보고 싶었던 질문이 있었다. 어떻게 하면 힘을 뺄 수 있는가. 스님의 말을 듣고 모든 것이 해결된 듯 물음은 눈 녹듯이 사라지고 그 자리에 작은 알맹이 하나가 남은 기분이었다. 스님의 대답은 이랬다. "힘을 빼려는 것조차 힘을 주는 행위이다."

뭔가 머리에서 번쩍이는 기분이었다. 내가 힘을 빼려고

'하는' 것조차 힘을 주는 행위일 수 있겠구나, 진지하게 접근하는 것이겠구나, 하는 생각이 들었다.

어떻게 하면 힘 빼고 연기를 할 수 있을까, 연기를 할 때 연기를 안 할 수 있을까, 치열하게 고민해 오던 나에게 오늘의 대화는 작은 해결의 실마리를 주었다. 힘을 빼려고 하지도 말고, 주려고 하지도 말고, 그저 다가오는 순간에 올라타라. 소 위에 올라타라. 아직은 추상적인 이 문장이 내 마음을 가득 채웠다.

다음 날 오디션이 있었다. 수없이 외운 대본을 다시금 훑고 있는데, 나와 함께 들어가는 파트너가 외적인 것부터 많은 준비를 하고 온 모습이 눈에 띄었다. 나는 그의 노력과 마음이 십분 이해되면서도, 그의 간절함이 어쩌면 어제 들었던 진지함의 또 다른 모습은 아닐까 생각이 들었다.

그리고 그 옆에서 다 외운 대본을 몇 번이고 보는 나의 모습도 보였다. 이 역시 나의 진지함이었다. 그 사실을 자각하자마자 즉시 대본을 내려놓았다. 그리고 그 순간에 올라타고자 노력했다. 그저 그 공간의 공기를 느끼고, 소리를 듣고, 빛을 바라보며 흐름에 내 의식을 맡겼다. 그렇게 오디션장에 들어가서 함께 들어간 파트너와 호흡을 맞추고, 거기에 그치지 않고 이 공간 안의 모든 흐름에는 나의 의식도 포함된 것이라는 생각으로 흐름을 탔다.

오디션이 끝나고, 처음으로 내 의도대로 연기를 했는지 반추하지 못했다. 어떻게 하겠다 의도한 부분이 없었기 때문이었다. 그냥 끝이 나버린 기분, 그 이상도 이하도 아니었다. 준비한 연기를 어떻게든 잘 보여주려고 했던 지난날과는 전혀 다른 기분이었다. 그저 그동안의 연습으로 내 안에 담겨 있던 감각들이 자연스레 나오기 위해 숨 쉬고 호흡했던 느낌만 있었다. 수많은 오디션을 경험했지만, 이렇게 개운한 기분은 처음이었다.

　다음 날 새벽 요가를 하러 요가원을 갔다. 요가를 마치고 문소리 선배와 잠시 커피를 마셨다. 선배에게 십우도 이야기와 함께 어제의 경험을 공유했다. 선배는 무릎을 탁 치면서 "그거야!" 하고 외쳤다. "몰입이 영어로 뭔지 알아? 몰입은 'flow'야. 흐름을 타는 거야. 촛농 심지를 끝까지 바라보는 게 몰입이 아니고, 공기의 흐름을 타는 게 몰입이야"라며 함께 나의 작은 발견을 기뻐하며 응원해 주었다.

　내 연기가 조금 더 좋아질 수 있는 단서가 '십우도'가 된다면, 보만 스님은 액팅 코치로도 아주 훌륭하신 것 같다. 인생에서 좋은 스승을 만난다는 건 정말 큰 복이다. 주변에 있는 훌륭한 분들이 초점이 조금 엇나간 나의 영점을 맞추는 데 도움을 주니, 참 감사한 삶을 살고 있다는 생각이 들었다. 그리고 이 깨달음이 연기에만 해당되는 것이 아니라 삶

전체에도 필요한 태도라는 것을 다시금 되새긴다. 다가오는 시간의 흐름 속에서 공기, 바람, 소리, 인연, 기회, 예상치 못한 모든 것을 쥐려 하지 않고, 그대로 맞이하는 것. 그것이 삶이라는 파도 위에서의 몰입이 아닐까. 십우도는 심우도라 불리기도 한다고 한다. 그 이유를 알 것 같았다. 결국 십우도는 나에게 내 마음을 들여다보는 지도, 심우도가 되었다.

Go with the flow.
작은 파도에 때때로 넘어지고 때때로 일어서다,
결국 큰 파도에 올라타 바다를 가로지르는 훌륭한 서퍼로 거듭나길.

비눗방울

최근 내 심장을 강타한 문장이 있다.

'넌 무엇을 기대했는가.'

정말이지 책을 읽으면서 한 문장에 이렇게 꽂힌 적은 드물다. 나에게 커다란 위안을 준 문장이라, 이를 가지고 독립 장편 영화 시나리오도 쓰고 있다. 어떻게 하면 이 문장이 극적으로 관객들에게 닿을 수 있을까 상상하며 재밌게 써 내려가고 있다.

항상 아등바등하지 않으려고 하지만 실상 바람을 잡으려는 기분이랄까. 바람은 잡으려 노력해도 결코 잡히지 않는다. 반대로 그대로 서 있으면 바람이 와서 내 피부를 스친다. 그냥 그렇게 스쳐 지나감을 통해 바람을 느끼면 그만인데, 잡히지 않는 바람을 잡으려는 나의 모습을 느낄 때마다 나에게 해 주고 싶은 말이다. 무엇을 기대하고 있니.

여의도공원을 거닐다 보면 뉴욕의 센트럴파크가 생각난다. 즐비한 도시 정글 옆에 길게 크게 뻗어 있는 이 공원의 느낌이 센트럴파크를 연상케 한다. 그래서 종종 센트럴파크가 생각날 때면 여의도공원에 오고는 한다.

오늘도 역시 여의도공원을 걷고 또 걷다가 언덕 위에서 이리저리 뛰노는 아이들을 보았다. 가까이 가 보니 선생님이 아이들을 위해 비눗방울을 흩날리고 있었다. 비눗방울을 잡은 아이도, 비눗방울을 놓친 아이도 모두 웃고 있었다. 그 모습에서 무언가 잡으려는 행위가 어른과 다름을 느꼈다.

아이들은 눈앞의 비눗방울이 내 손에 닿아 터져도, 요리조리 손을 피해 달아나도 마냥 웃는다. 어쩌면 진짜 비눗방울을 잡고 싶은 게 아닐지도 모른다. 그저 즐거움을 주는 하나의 매개체이지 그것이 어떠한 목적이 아닌 것처럼. 순수하게 즐기는 것이다.

어쩌면 우리가 잊고 있던 가장 소중한 것이 저 '순수함' 아닐까. 당장 먹고살기 바쁜데 순수는 무슨, 편안한 소리하네, 라고 할지도 모른다. 맞다. 참 편안한 소리. 배부른 소리. 그렇지만 한편으론, 왜 나에게 주어진 소중한 하루에 편안한 소리 한 번 못 하는가, 싶다.

삶을 다하기 전 누군가가 "당신은 무엇을 위해 살았는가"라고 묻는다면 과연 어떤 대답을 할 것인가.

성공하기 위해, 집을 사기 위해, 100억을 벌기 위해, 회사에서 승진을 하기 위해, 좋은 차를 타기 위해. 삶의 마지막 순간에 이렇게 대답하고 만족할 수 있을까. 과연 후회 없다 말할 수 있을까.

내 아이에게 비눗방울을 왕창 만들어 주기 위해, 그리하여 아이의 웃음을 보기 위해, 그 웃음으로 행복할 나를 위해, 내 아내를 위해, 내 가족을 위해. 사계절의 변화 속에서 하루하루 옷을 바꿔 입는 나무와 꽃들의 변화를 보기 위해, 사랑하는 사람과 따뜻한 한 끼 먹기 위해, 그저 내 곁에서 내 마지막을 지켜주는 이들에게 좋은 추억의 한 조각이 되기 위해, 라고 나는, 답하고 싶었다.

철학자이자 시인인 랠프 월도 에머슨이 이런 말을 했다.

"모든 레전드는 처음에 아마추어였다."

걸음마도 못 떼던 우리가 이제는 걷는 것을 넘어 뛰는 것까지 하는 마스터들 아닌가. 지구상의 모든 원리는 같다고 본다. 아이처럼 순수하게 접근해서 넘어지는 것을 두려워하지 말고, 넘어져도 다시 일어나는 것. 다시 일어서는 것에 대한 즐거움을 느껴 보는 것.

우리는 비눗방울을 잡으려 수없이 시도할 것이다. 어쩌면 바람도 잡으려 손 내밀지 모른다. 그러나 내 손에 잡히지 않더라도 웃어야 한다. 그렇게 웃다 보면 수많은 비눗방울 중 하나는 나에게 다가와 터질 것이다. 팡.

내 손에 닿아 터질 것이다. 바람도 손을 시원하게 스쳐 지나갈 것이다. 여전히 이 말이 내 마음에 빙빙 맴돈다.

난 무얼 위해 살았는가.

난 무얼 위해 사는가.

발버둥

짧은 기간 동안 내 안의 수많은 감정들과 마주했다. 평소와 달리 낯선 모습도 있었고, 다소 지친 듯한 모습도 있었다.

내가 나에게서 잠시 떨어져 거리를 두고 멀리서 나 자신을 바라보았다. 나는 내가 보고 싶은 나를 그리며 살아가고 있을까. 남들이 보고 싶어 하는 나로 살아가고 있을까. 무척 어려웠다. '나답게 살아간다'라는 틀 안에서 어쩌면 고집을 피우며 살아온 것은 아닌가.

나는 타인을 사랑하고, 존중한다. 그리고 싶다. 우리 삶에서 관계란 것이 지독히도 어렵지만 결국 관계란 것이 지속적으로 내 삶을 지탱해 주니까. 그렇지만 나는 이 관계의 양

면성에 상처를 입기도 하고, 상처를 주기도 한다. 그런 나를 더욱이 받아들여서 고통스러웠다.

순수히 사람을 사랑하는 것이 가능한 일일까. 타인에게 더 감사할 줄 아는 사람이 되고 싶은데, 어떨 땐 저 밑바다에 있던 나의 이기심이 불쑥 그것을 짓누른다. 이럴 땐 어떻게 해야 할까. 인정받고 싶은 욕구가 물밀듯 밀려올 때, 더욱 낮은 자세로 겸손해지는 것도 어렵다. 인정 욕구는 지극히 자연스러운 것이지만, 겸손의 미덕은 나 스스로 길러야 한다. 끊임없이 나를 다스려야 한다. 바라는 이상과 현실의 괴리에 매번 이렇게 고통스러운 게 맞는 걸까.

그러다 문득 이러한 고통스러움이, 나의 열정과 노력이, 전부 나의 발버둥이었음을 깨달았다. 이 사실을 처음 깨달았을 땐 수치심이 말도 못 하게 밀려들었다. 하지만 지금은 나의 모습이 부끄럽지 않다. 오히려 자랑스럽다. 그것은 늪에 빠지지 않기 위한 발버둥이었으니까. 나는 오늘도 나의 삶을, 순간을 잘 살아내려 발버둥 치고 있다. 그 삶의 발버둥이 결국 나를 늪에서 벗어나게 해 줄 성장 동력임을 이제는 안다.

이상과 현실의 괴리가 아니었다. 이상과 현실의 연속성에서 나아감과 뒤처짐이 있을 뿐이다. 반대 개념이 아닌 양립 가능한 개념임을, 그것이 매우 자연스럽고 당연한 것임을 받아들이니 마음이 무척이나 평온해졌다. 미안한 감정이 있는 나의 인연들에게 내 마음 깊은 곳에서부터 우러난 미안함을 머금고, 또한 고마운 인연들에게는 내 마음 깊은 곳에서부터 우러난 감사함을 머금고 그저 살아가는 것. 그렇게 지금의 순간을 살아가는 것이었다.

오늘 아침, 기분 좋게 눈을 뜬 후 조깅을 했다. 시원한 바람을 맞으며 언덕 위를 달렸다. 오늘따라 달리는 기분이 너무나도 좋았다. 잡념들이 순간순간 나를 찾아오지만, 그저 시원한 바람에 흘려보냈다. 아무 생각도 하지 않고 그저 이 거리를 음미하고, 이 햇살을 음미하고, 이 순간을 마음껏 마셨다.

이 의미를 가슴 깊이 새기면 나는 더욱더 건강히 살아갈 수 있을 것만 같다. 유연하게 살아가야지. 이래도 나이고, 저래도 나이니까. 그저 오늘의 나니까.

비행

눈앞에 파란 하늘이 보인다. 그 이외엔 아무것도 없다. 나는 지금 일본 상공을 지나 바다 한가운데 있다.

오늘 여섯 번째 미국행 비행기에 몸을 실었다. 오늘의 비행은 4년 전과 다르게 무척이나 안정감 있다. 내가 처음 미국에 갔을 때는 두려움에 가득 차 있었다. 코로나가 한창 심할 때라 항공편도 많지 않았고 입국 심사도 까다로웠다. 무엇보다 하루가 다르게 늘어나는 확진자와 사상자로 공포 심리가 극에 달할 때였다. 코로나바이러스에 대한 공포와 미지의 땅 미국에 대한 두려움이 뒤엉켜, 아무도 없는 텅 빈 비행기에서 하릴없이 눈물만 훔쳤다.

하지만 이젠 창밖에 어둠이 몰려와도 두려움보단 설렘이

크다. 그때의 나와 오늘의 나는 하나도 달라진 것이 없다. 나의 육신도, 나의 정신도, 나의 상황도. 다만, 이 시간을 흘려보낼 줄 아는 마음은 그때와 다르다. 이 비행이 내게 주는 의미를 알게 되었기 때문이다. 더 멀리 날기 위해서가 아니라 그저 지금 잘 날고 있으면 되었다.

    잘 날고 무사히 착륙하는 것만으로도 내겐 큰 기쁨이 될 터이니. 그래서 지금 한 번이라도 더 창문을 힐끔거려 저무는 노을을 눈에 담아 본다. 오늘의 노을이 내게 주는 것은 어둠이 아닌 희망이다. 나는 그 보이지 않는 희망을 향해 덤덤히 어둠을 뚫고 내일을 맞이하려 한다. 내일이 오면 새로운 태양의 볕이 날 맞이할 것이다. 그렇기에 오늘의 어두운 하늘이 더 이상 두렵지 않다. 힘껏 날아오를 수 있다. 보이진 않아도 결국 닿을 수 있는 그 어딘가를 향해. 비행의 끝엔 또 새로운 비상이 있겠지, 기대하며.

LALA
LAND

8:00 AM

이제 곧 LA에 도착한다. 13시간의 비행을 마친 비행기가 랜딩을 준비하며 LA의 드넓은 상공을 돌고 있다. 큰 도시의 모습이 한눈에 들어온다. 우리나라에서 볼 수 없었던 산의 지형, 사막의 지형, 그리고 자를 대고 죽죽 그어 놓은 듯한 바둑판 모양의 도시까지. 저 멀리, 내가 사랑하는 'Hollywood' 사인도 보인다. 13시간 비행의 피곤함이 눈 녹듯 사라지고 내 몸속 깊은 곳에서 뜨거운 무언가가 올라온다. 이제 시작이구나.

9:00 AM

정식으로 미국 땅을 밟기 위해 입국 심사만 남았다. 지난번 미국 방문과는 사뭇 다르다. 이번엔 신분이 있는 상태로 왔기 때문이다. 여섯 번의 방문 중 가장 빨랐다. 1분도 채 안 됐다. 그저 컴퓨터 화면과 내 여권 비자를 번갈아 보더니 손가락 지문을 찍고 가라고 했다. 아마 개근생처럼 출결이 완벽한 나의 기록도 도움이 됐으리라 짐작한다.

10:00 AM

달라진 게 또 하나 있다. 공항에 마중 나온 소중한 친구, 창현이 형이다. 창현이 형은 내일 창작 뮤지컬 '도산'의 첫 공연을 앞둔 상태라 오늘 오후 전체 리허설에 참여해야 하는 바쁜 일정에도 나를 데리러 공항에 와 주었다. '도산' 공연 일정으로 형은 바로 연습을 가야 해서 나는 숙소가 아닌 한인타운으로 곧장 가기로 결정했다. 그곳에서 형을 기다리며 첫날의 LA를 만끽해야지. 그렇게 우린 저녁 10시에 다시 만나기로 약속하고 형은 극장으로 떠났다. 방금 도착한 LA가 이제는 나에게 또 다른 고향에 돌아온 듯한 기분을 느끼게 해 주었다.

10:40 AM

앞으로 11시간은 온전히 나만의 시간이다. 짐은 차에 두고 지갑, 여권, 노트와 펜 그리고 필름 카메라만 챙겨 LA에서의 첫 산책을 나왔다. 오랜만에 다시 찾은 곳이기에 이곳저곳 둘러볼 생각에 너무나 설렌다.

시차는 비행기에서 맞췄다. 약간의 비행 피로가 남아 있지만 설렘을 누를 순 없었다. 곧장 내가 가장 좋아하는 치킨버거 집으로 향했다. 야외 테라스에 자리를 잡았다. 선선한 가을 LA의 공기를 마음껏 들이마셨다. 천천히 햄버거를 먹으며 지나다니는 사람들을 구경한다. LA에서만 느낄 수 있는 이 날씨와 태양의 움직임도. 계산할 때 미리 팁을 넉넉히 줬으니 이 테라스에서 마음껏 여유를 부려도 되겠지, 생각했다. 방금 갓 튀겨 낸 따끈따끈한 치킨버거와 감자튀김을 하나하나 먹으며, 이따금 닥터페퍼를 마시며 책도 읽고, 일기도 쓴다.

2:00 PM

충분한 여유를 만끽한 후 이번 여정의 목적인 'Western Ave' 사인을 담으러 거리로 향했다. 정오를 넘어가자 태양이 머리 바로 위로 떠올랐고, 구름 한 점 없는 날씨 덕분에 점점 더워졌지만 그늘을 찾아 요리조리 다니며 목적지로 향했다. 40분쯤 걷자, 저 멀리 할리우드 사인이 보이는 한인타운 입구에 도착했다.

  그 길목, 'Western Ave'에 선다. 저 멀리 보이는 할리우드 사인을 바라보며 지난날을 곱씹는다. 익숙한 사인이지만, 볼 때마다 다르게 사랑스럽다. 가슴이 뛴다. 이 모습을 놓칠 수 없지. 내가 서 있는 한인타운과 'Western Ave'의 모습을 카메라에 담는다. 가까운 듯 먼 이 간극. 아직은 멀게만 보이지만 미국에 올 때마다 한 발 한 발 다가가고 있는 것 같아 기분이 좋다. 4년 전의 내가 지금의 나를 볼 수 있다면 얼마나 행복하고 자랑스러울까. 지금의 내가 그때의 나에게 고마움을 느끼듯이. 과거의 내가 지금의 나를 도왔다.

  할리우드 사인을 보다 보니 더 가까이에서 보고 싶어졌다. 마치 사인이 내 몸을 끌어당기듯 어떤 힘에 이끌려 버스 카드를 사러 갔다. 20달러를 충전하고 그리피스 파크행 버스에 몸을 실었다. 버스 안 LA 사람들의 일상이 보인다. 멕시칸, 흑인, 백인, 아시아인, 다양한 인종의 사람들이 각자의 삶을 살고 있었다. 사람들의 일상 내음이 가득 묻어 있는 공간에서, 역시나 사람 사는 건 다 비슷하구나, 생각했다. 퇴근하는 것으로 보이는 백인 옆에 앉아 음악을 들으려는데 휴대폰 배터리가 애매했다. 13%. 저녁까지 앞으로 6시간이나 남았으니 지금은 아껴야겠다.

휴대폰을 껐다. 어차피 이곳의 지도는 머릿속에도 있으니. 휴대폰 없이 다니는 것에 익숙하기 때문에 별문제 없다. 그렇게 도착한 할리우드 BLVD(도시의 넓고 길게 뻗은 도로). 오래 햇볕을 쬐며 걸은 지라 슬슬 몸에 땀이 나기 시작했다. 재킷을 벗어 가방에 넣어 두고 오로지 카메라만 들고 걷기 시작했다. 가을이라 그런지 생각보다 해가 빨리 졌다. 저무는 해의 움직임을 보며 대충 시간을 예상해 본다. 분홍으로 물들어 가는 파란 하늘, 흔들리는 야자나무의 이파리, 주황빛 볕. LA다. 지나치는 사람들과 "Hi", "How are you" 하며 가볍게 인사를 주고받았다. 그래, 이 맛이지. 사람 사는 맛. 그리피스 파크에 가까워질수록 내 에너지는 더 샘솟았다.

공원 초입에서 4년 전 기억이 떠올랐다. 미국에 대해 아무것도 모르던 시절, 혼자서 무작정 도전했던 그 시절. 아무 연고도 없는 이 땅에서 매일 아침 눈을 뜨자마자 무턱대고 산을 올랐었다. 그때 공원 입구 초입에 턱걸이를 하던 굵디굵은 나뭇가지가 그 자리에 그대로였다. 오랜 친구를 만난 듯한 반가움에 턱걸이를 3개쯤 했다. 더 튼튼해진 것 같은 녀석에게 잘 있어 줘서 고맙다고 속으로 인사했다.

공원으로 들어서 산을 올랐다. 내가 오를수록 태양은 내려가는, 반대 방향의 움직임이 절묘한 장관을 만들었다. 하늘은 점점 오렌지빛으로 수놓아졌다. 오를수록 힘이 들어야 하는데 오히려 힘이 났다. 발길을 붙드는 건 오직 저 아름다운 하늘뿐이었다.

찰칵.

참, 오길 잘했다는 생각이 든다.

6:00 PM

황홀한 산책을 마치고 그리피스 천문대에 올랐다. 이미 수많은 사람들이 노을을 보기 위해 모여 있었다. 이곳에 모인 사람들은 다 어디서 온 걸까. 내가 오늘 이곳에 없었더라도 이 자리는 다른 누군가로 채워졌을 테지. 어제도, 한 달 전에도, 1년 전에도 그러했듯, 앞으로도 계속 그렇겠지. 이 지구라는 행성에 얼마나 많은 사람들과 내가 상상하는 것 이상의 넓은 세상이 존재한다는 걸까. 여행을 하며 종종 드는 생각이다. 방금 나를 스쳐간 저 아저씨는 50년 넘게 본인의 인생을 살았을 테고, 저 커플은 20년 넘게 각자의 인생을 살다 둘만이 간직하는 아름다운 스토리로 연인이 되었을 테고, 저 학생들도, 어르신도, 가족들도. 이곳만 해도 수많은 소우주들이 존재했다. 다시 한번 이 세상이 얼마나 넓은지에 대해 체감해 본다. 어쩌면 우리들은 이 지구라는 별의 여행자들이고, 지금 서 있는 이곳에서, 지금 이 순간에도 나만의 소우주를 만들어 가는 여행 중이라고 생각하니, 오늘따라 천문대에서 바라보는 LA의 전경이 유난히 탁 트이고 아름다웠다.

노을이 붉게 물든 다운타운. 곧 해가 산 뒤로 고개를 숨긴다. 이 아름다운 찰나를 담기 위해 카메라와 더욱 깊이 눈을 맞대고 교감한다. 오늘의 이 순간은, 오늘의 이 노을은 오늘이 아니면 다시는 느낄 수 없으니까.

찰칵.

카메라를 잠시 내려놓고 천문대 한복판의 잔디밭 위에 가방을 베고 누웠다. 그리고 마지막 노을을 두 손으로 움켜쥐듯 그렇게 두 눈 깊이 담았다. 이 땅에 자유로이 누우니 하늘을 가슴에 품은 듯한 기분이다.

내가 이곳에 오면 꼭 하는 일이 있다. 사진 찍어 주기. 일행과 함께 사진을 찍고 싶지만 부탁을 망설이는 사람들에게 먼저 다가간다. "사진 찍어 드릴까요?" 그러면 다들 행복한 미소로 "땡큐 소 머치!"를 외친다. 이번엔 가뜩이나 카메라를 목에 걸고 있으니 '사진작가' 느낌이 나나 보다. 결과를 받아 본 사람들이 한결같이 프로페셔널이라며 엄지를 치켜세운다. 어쩌면 나도 당신도 이곳의 여행객이다. 하루하루 각자의 순간순간을 여행하는. 그렇게 우리 모두가 지구의 여행객이자 이방인인 것이다. 나는 그저 지구라는 별에서 살고 있는 같은 이방인으로서 오늘의 기억과 추억이 휘

발되지 않도록 돕고 싶은 마음이다. 어차피 가져갈 수 있는 건 사진이 아니라, 오늘의 이 기분일 테니까.

7:00 PM

하늘이 어두워졌다. 가로등 밑 잔디에 앉아 오늘 보고 느낀 것들을 노트에 적는다. 지금 이걸 적지 않으면 방금 본 노을의 맛이 따뜻하게 담기지 않을 것 같아서. 오늘 도착부터 지금까지 긴 시간의 산책은 평생 잊지 못할 것 같다. 한인타운에서 할리우드까지, 내가 그토록 그리워하던, 나만의 LALA LAND였다.

뜨겁게 타오르는 노을처럼, 나도 나만의 색을 찾고 싶다. 아니어도 괜찮고. 어차피 나는 우주의 먼지니까. 기대를 떨치자.

8:00 PM

어두컴컴한 산을 혼자 내려갈 줄 알았는데, 함께 단편 영화를 찍었던 캥 형이 보고 싶다며 한걸음에 달려와 줬다. 내가 좋아하는 타코 트럭에서 형과 함께 타코를 먹고 있는데 누군가 "헤이든!" 하고 부른다. 돌아보니 김종만 형님이다. 드라마 '웨스턴 애비뉴'의 주인공 중 한 명이자 내가 4년 전 LA에 처음 왔을 때 이메일을 보내 한 번만 만나 달라 요청할 정도로 10년 이상 이곳 할리우드에서 한인 배우로 활동하고 있는 멋진 형님이다. 그랬던 종만이 형과 함께 작품을 하고 이렇게 동네에서 우연히 마주치다니. 그 동네가 할리우드라니. 할리우드, 이제 내게 조금 더 가깝게 친밀하게 느껴지는 이름이다. 분명 나의 삶은 달라졌다. 이 모든 변화는 내가 아닌 내 곁의 사람들 덕분이라는 것을 잘 알고 있다. 감사한 사람들이 머릿속을 스친다. 타코 트럭 가로등 밑에서 손에 레드 소스를 묻혀가며 우연히 만난 오늘의 순간을 기념하며 광활한 LA 한복판에서 우리만의 소우주를 기록했다.

그때 셋이 먹은 타코의 맛이 지금도 내 혀끝에 맺혀 있다.
그날 밤의 내 친구들의 얼굴들도. 아주 선명하게.

봉우리

'2024 아시안 월드 영화제(*AWFF*)'를 끝으로, LA에서의 모든 공식 행사 일정이 끝났다.

사실 이번 LA 방문 일정의 가장 큰 목적은 영화제 참석이었다. 할리우드에서 처음 제작한 K-드라마이자 이민자들의 치열한 삶의 현장을 생생하게 그려낸 '웨스턴 애비뉴'가 영화제 공식 초청작으로 선정되었고, 많은 관객들 앞에서 상영되었다. 2년 동안 준비했던 우리의 이야기가 한 편의 영화가 되어 관객분들에게 전해졌다.

큰 스크린 속에 한 장면, 한 장면 비칠 때마다 2년 전 머나먼 미국 땅에서 함께 숨 쉬고 연기했던 순간들이 또렷이 떠올랐다. 스크린 밖에서 내 모습을 바라보는 게 실감 나지 않앉다.

관객들의 웃음소리가 들릴 때마다 가슴이 벅차올랐다. "우리의 이야기가 잘 전달되고 있구나." 그 사실 하나만으로도 감사했다. 영화가 끝나고 극장 안에 울려 퍼진 박수 소리는 내게 작은 전율을 안겨 주었다. 그 짜릿함 속에서 희미하게, 그러나 분명하게 새로운 희망의 싹이 피어났다.

아무리 비우려 해도 매번 마음속엔 어김없이 기대와 희망이 스며든다. 그 기대가 상처가 되기도 하니까, 안 다치려고, 덜 아프려고 마음을 비워보려 하지만 그래도 어김없이 기대하고, 또 살아간다.

나는 처음 할리우드에 큰 기대를 품고 왔다. 무언가를 오르고 싶었고, 그곳이 너무도 궁금했다. 그렇게 4년을 쉬지 않고 걸어왔다.

하지만, 사실은. 괜찮지 않았던 것 같다. 버거웠다. 내 안의 괴리감, 이질감을 결국 견디지 못했다. 매번 걷고, 사색하고, 글을 쓰며 마음을 다스리려 해도 불쑥 찾아오는 이 순간 앞에 속수무책으로 당했다. 어제도 그런 순간이 있었다. 그래서 이번엔 다른 선택을 해 봤다. 460일간 하루도 빠지지 않고 해 왔던 일본어 공부를 처음으로 멈춘 것이다. 일본어 공부를 하지 않는 것, 나와의 약속을 어기는 것. 이 멈춤은 나에게 굉장한 스트레스였다. 무언가 크게 잘못하고 있는 것 같은 기분이 들면서 초조하고 불안했다. 그리고 그런 나와는 별개로 시간은 흘렀다. 한숨을 크게 내쉬고 단잠을 자고 일어나니 다음 날 아침이 되었고, 내 삶에는 아무 변화가 없었다.

아무런 변화도 일어나지 않았다.

모든 게 그대로였다. 그렇구나. 이거였구나. 결국, 나를 묶고 있었던 건 나 자신이었다. 내가 되고 싶은 무언가, 보여지고 싶은 무언가. 그 기대에 나 스스로 가두고 있었던 모양이다.

순간 떠오르는 노래의 구절이 있다.

"높은 곳엔 봉우리는 없는지도 몰라. 그래 친구여 바로 여긴지도 몰라. 우리가 오를 봉우리는."

김민기 선생님의 '봉우리'란 노래다.

높은 곳에 다다르지 않아도 괜찮다. 봉우리란 그저 넘어가는 고갯마루일 뿐.

그저 바람에 몸을 맡기고

한 걸음, 또 한 걸음

내 발 아래의 흙을 느끼며 걷는 거지.

독소처럼 쌓였던 감정들을 털어내니, 오늘 LA의 하늘이 유난히 맑아 보였다. 모든 것은 지나간다. 시원한 이 바람처럼, 그냥 흘러간다.

그러니 끝이 어딜지 모르는 곳을 향해 무작정 오르려 애쓰지 말고, 그렇다고 못 오르겠다 포기하지 말고 그저 천천히 걷자. 한 발 한 발 발을 딛는 것. 걷고 딛는 이 행위가 결국 나의 이야기가 되고 삶이 된다. 내 발자취가 누군가에게 용기를 주면 더 좋고. 아니어도 괜찮은. 결국 걸어 나가기로 결심한 것도, 나아가는 것도 나이니까. 이 모든 발자국이 쌓여 우리의 삶이 된다. 나의 발자취가 누군가의 작은 용기가 되어 줄지 모른다는 희망을 가지며, 혹은 그렇지 않더라도 괜찮다는 마음으로.

수많은 봉우리들을 기쁘게 바라보는 것. 그 봉우리 너머에 펼쳐진 푸른 하늘과 구름, 아름다운 석양을 눈에 담으며 크게 한숨을 쉬는 것. 그리고, 다시 내 앞의 땅을 딛는 것. 그 한 걸음.

그게 덜어냄이고, 그게 삶인 것 같다.

어쩌면 간절히 찾던 봉우리가 바로 지금 내가 서 있는 여기인지도 모른다.

근두운

 가끔 내 발이 땅에서 떨어지는 순간들이 있다. 뜬구름 위에 올라앉아 내가 그 풍성한 구름들을 마구 잡고 뛰어 놀 수 있을 것만 같은 기분. 모든 게 내 뜻대로 되는 듯한 기분이랄까. 영화제 시상식장에서 쏟아지는 박수 소리가 귓가를 가득 채울 때, 할리우드에서 주인공으로 선 시사회가 끝나고 따스한 호평이 나를 감쌀 때, 애프터 파티에서 오랫동안 존경해 온 선배들과 마주 앉아 대화를 나눌 때. 그런 순간들 속에서 나는 어느새 근두운에 올라타 있다.

 육신은 이 땅 위에 그대로 서 있지만, 내 영혼은 어디론가 날아가 버려 더 이상 내가 통제할 수 없는 상태가 되곤 한다. 영혼이 중심을 잃고 흔들리던 그때, 문득 이런 생각이 스쳐 지나갔다. '이렇게 많은 경험을 하고 부딪히고 살아간다 해도, 과연 이 길의 끝이 무엇인지 내가 알 수 있을까? 내가 정말 이 길의 끝에 서서 이것이 끝이라고 정의할 수 있을까?' 왠지 그럴 수 없을 것 같다는 생각이 들었다. 그저 이 일련의 경험들이 내 안의 거름이 되어 다음 스텝을 나아가기 위한 발판이 되는 것이라는 생각이 들었다.

그래서였을까, 나의 '들뜸'이 갑자기 괜찮게 느껴졌다. 사실 그동안 나는 들뜸과 조바심을 무척 경계해 왔다. 매일 산책을 하고, 책을 읽고, 요가를 하는 일상의 의식들도 모두 그 감정들을 다스리기 위한 노력이었다. 그런데 지나온 길을 곱씹어 보니, 내가 근두운을 탄 것이 나의 영혼의 잘못이 아니란 걸 깨달았다. 그건 그럴 수도 있는 상황이었고, 그때의 나는 그렇게 반응했을 뿐이다. 나는 잠시 흔들렸지만, 결국 다시 중심을 찾았다. 오히려 솔직한 나를 마주하니 마음이 놓였다.

'왜 그랬지, 왜 그런 기분이 들었을까' 하는 자책보다, '괜찮아, 괜찮아, 그럴 수도 있지'라는 나의 위로가 나를 더 단단하게 만들어 주었다. 실로 괜찮았다. 무엇이든, 결국 자신을 돌아본다는 것은 자책이 아닌, 있는 그대로 마주함과 스스로에 대한 위로였다. 나를 용서할 수 있는 것은 결국 나 자신밖에 없었다.

나 스스로가 나를 마주하고 위로하는 그 '힘'이 중요하다는 것을 절실히 느꼈다. 그래야 지나간 일들을 있는 그대로 받아들이고, 비록 흔들렸더라도 그것을 교훈 삼아 다음에는 조금 덜 흔들릴 용기와 지혜를 갖게 되니까.

근두운에서 내려오니 세상은 변함없이 그대로였다.

하지만 그 안에서 근두운을 타 본 나, 소중한 가치를 깨달은 나, 그리고 새로운 용기를 얻은 내가 있었다.

어쩌면 우리는 구름 위로 올라가야만 땅의 소중함을 깨닫는 걸지도 모른다. 또한 땅에 발붙이고 있어야만 구름의 아름다움을 온전히 느낄 수 있을지도 모른다. 내게 근두운의 여정은 그런 것이었다. 높은 곳에서 나를 바라보고, 다시 두 발로 서서 하늘을 올려다보는 순환의 지혜.

오늘도 나는 때때로 근두운에 올라타고, 때때로 단단한 땅을 밟으며, 그 사이의 균형 속에서 진짜 나를 만나고 있다. 그리고 그 과정에서 가장 중요한 것은, 어디에 있든 나 자신을 따뜻하게 바라보는 마음임을 잊지 않으려 한다.

근두운을 타든, 땅을 밟든, 결국 그 모든 순간이 나를 나답게 만드는 과정임을 기억하며.

시

오랜만에 이창동 감독님의 영화 '시'를 다시 보았다. 어떻게 하면 이토록 아름다운 이야기를 쓸 수 있을까.

'나도 시를 쓸 수 있을까?'

영화 속 시인은 문화센터에 모인 이들에게 '시'에 대해 '보는 것, 관찰하는 것, 그리고 아름다움을 느끼는 것, 느껴지면 담아내는 것'이라고 했다.

그래. 나도 보이는 대로, 느껴지는 대로 써 보자.

바람

새벽녘 고요하게 찾아오는 바람
넌 어디서 왔니?
살랑살랑 나뭇가지가 손을 흔든다
네 덕분에
살랑살랑 꽃들도 손을 흔든다
네 덕분에
바람아, 넌 어디서 왔니?
고요했던 바람이 세차게 대답한다
바람아 화가 난거니?
꽃들과 나뭇잎이 세차게 흔들린다
갑자기 낯설게 느껴지는 바람
바람아, 바람아, 바람아
이름을 불러서일까 기분 좋은 일이 금세 있던 걸까
성난 줄 알았던 바람이 언제 그랬냐는 듯 잠잠해진다
그런 바람아, 넌 어디서 왔니?
바람은 끝내 대답하지 않는다
그저 아무 말 없이 나에게 다시금 시원함을 안겨 준다
바람아, 바람아, 바람아
고마워

시
-

시는 보는 것
본다는 것은 행운이다
행운을 느낄 수 있는 것도 행운이다
행운을 적을 수 있는 것도 행운이다
행운을 읽을 수 있는 것도 행운이다
이 아름다운 시를 음악처럼 소리로 글로 담아본다
나만의 멜로디, 나만의 가사, 나만의 기록
이 모든 것이 행운처럼 다가온다
시는 행운이다

내 생애 첫 시다. 부끄럽다.
아무렴 어떤가. 누구나 처음은 서툰 법이니까.
지금의 나에겐 잘 쓰고 못 쓰는 것은 중요치 않다.
그저, 쓰는 것만으로도 충분하다.
그저, 한다는 것.

흔적
지우기

아침 산책을 앞두고 작은 고민을 한다. 카메라를 가지고 나갈까, 책을 들고 나갈까?

아, 오늘은 두 손 가볍게 걷고 싶긴 한데... 이런저런 고민을 하다가 책을 선택한다.

그러다 사진 찍고 싶은 순간이 오면 '카메라를 선택할걸' 하고 아까 고민했던 흔적이 잔상처럼 남아 따라온다. 흔적은 돌이킬 수 없는 후회일 뿐. 흔적을 지우러 책을 펼쳐 든다.

흔적.

내게 흔적은 오디션의 열정이다. 오디션 현장에는 언제나 내 열정의 흔적이 남는다. 예전엔 그 뜨거움을 믿고 긍정적인 결과를 기대하며 기다리기 일쑤였다. 잘될 거라는 기대,

확신. 이 모든 것은 지극히 주관적인 나의 생각에서 투영된 환상 같은 거랄까.

"감독님이 내게 이런 질문을 하셨지, 이런 연기를 시키셨어, 아 그때 아주 활짝 웃으셨는데, 아주 만족스러운 얼굴이셨어."

수많은 행복회로를 돌리다가, 선택을 받지 못했다는 결과를 들으면, 나름의 위안으로 '어떤 연유가 있으셨겠지', '하… 연기할 때 집중이 조금 덜됐나?' 등의 핑계를 찾거나 아쉬움을 곱씹으며, 열정의 흔적을 보내지 못한 나를 발견하게 된다.

최근에도 미팅을 다녀왔다. 좋은 결과를 얻고 싶은 마음에 최선을 다했다.

뭐, 최선을 다하는 것은 기본이고, 결과를 떠나 그날 그 순간의 만남에 '끌림'이 존재한다면 그 미팅 자체로 절반은 성공한 일이라 여기기로 했다. 캐스팅은 단 한 명에게 돌아가는 결과이고 인생은 현재 진행형이니 말이다. 그래서 오디션에 대한 나의 관점을 좀 바꿨다.

'연기'는 연기대로 최선을 다해서 준비하되 그 순간 자체의 만남이 서로 즐거웠으면 좋겠다. 마치 처음 보는 이성을 만나서 대화하기 시작하는 그 '설렘'의 순간처럼.

그렇게 생각하니 최선을 다한 나와, 그 공간에 나와 함께

해 준 상대방, 그 순간의 우린 부족함이 없었음을 깨달았다. 그날 그때의 우리는 최선을 다해 숨을 쉬며 만남을 이어 갔고, 각자의 위치에서 자기의 방향으로 최선을 다했으니 그러면 된 것 아닌가. 마주침이 다시 생기면 반가움일 것이고, 같이 일을 한다면 새로운 시작이 될 것이다.

요즘 들어 오디션의 흔적을 보내는 나만의 방식이 생겼다. 이 또한 바뀔 수 있겠지만, 지금의 나에게는 유효한 방법이다. *(더 나은 깨달음이 온다면, 그때 다시 유연하게 바꾸면 되겠지.)*

우선 걷는다. 두 발로 걷는다는 것은 인간이 누리는 가장 축복받은 행위라고 생각한다. 우리는 두 발로 걸을 수도 있고, 달릴 수도 있고, 뛰어오를 수도 있다. 내 두 발로, 나의 의지로 이 아름다운 행위를 할 수 있다는 것 자체가 얼마나 큰 행복인가. 그렇게 내 몸의 움직임과 감각에 집중하다 보면 나에게 공짜로 주어진 모든 것에 그저 감사한 마음이 든다.

그리고 읽는다. 책을 펼쳐 그 안에 담긴 작가의 생각을 읽어 내려간다. 책을 '읽는다는 것'은 참으로 고귀한 만남이다. 책을 통해 지금의 세대를 넘어 수십, 수백 년 전의 인물과 대화할 수 있고, 그곳에서 발견한 지혜의 씨앗을 나의 화분에 옮겨 심을 수도 있다. 그렇게 그들의 삶과 마주하며 내 삶에 아주 작은 균열을 만들고, 이 균열은 변화를 가져온다.

마지막으로 쓴다. 걷고, 읽고, 선선한 바람이 부는 카페에 앉아 지금 이 글을 써 내려간다. 한 자, 한 자 내 생각과 마음을 담아내 본다.

쓰기란 진정한 '창작'의 행위이다.

가장 아름다운 행위이다.

누구나 쓸 수 있어 더욱이 아름답다. 잘 쓰려는 마음을 던져버리고, 하얀 종이 위에 떠오르는 것을 그저 쓰자. 쓰는 순간의 행위에 이미 내 삶의 주도권이 나에게 달려 있음을 느낀다.

솔직하게, 진술하게 써 내려가다 보면 쓰는 행위가 이내 자연스러워지고, 나에 대해 조금씩 들여다보게 된다. 그렇게 매번 나를 마주하고 돌아보다 보면 타인의 삶에 관심이 없어지게 된다. 매번 바뀌는 내 마음도 알아차리기가 힘든데, 언제 타인의 눈치까지 살필 수 있겠나.

뭐, 지금도 생각나는 대로 그냥 써 내려가는 것이다.

떠오르는 대로, 느껴지는 대로.

내 뇌가 생각한 것들을 손이 순간순간 빠르게 받아 적어 내려간다.

나조차도 이 글의 종착지가 무엇인지도 모른 채, 그저 써 내려간다.

우리가 살아가면서 해야 할 것만 같은 수많은 행위들 중에서,

그 틈에서 난 산책을 하고, 책을 읽고, 글을 쓴다.

나를 위해서.

네모의 꿈

오늘 아침, 친구와 함께 한강 변을 걸었다. 아침의 한강을 만끽하며 이런저런 이야기를 하던 중에 63빌딩이 눈에 들어왔다.

"와, 나 어렸을 때 진짜 63빌딩이 가장 커 보였는데, 이제는 왜 이렇게 작아 보이냐."

친구가 이어 말했다.

"나 초등학교 다닐 땐 우리 학교에서 63빌딩밖에 안 보였는데."

"너네 학교 한강 뷰였냐?"

"응, 우리 학교가 언덕에 있어서 한강 뷰였지. 그때 진짜 딱 저것만 솟아 있었어."

한때 세상에서 가장 높게 보였던 63빌딩이 이제는 그리 크지 않게 느껴진다. 여의도엔 더 높은 건물들이 생겼고, 저 멀리 잠실에는 63빌딩보다 두 배나 큰 롯데타워가 들어섰다. 도심의 스카이라인이 자꾸만 높아졌다. 주변을 둘러보니 참 많은 것이 빠르게 변해왔다는 생각이 들었다. 그 시절의 서울은 어땠을까. 한강을 중심으로 펼쳐진 풍경은 어떤 모습이었을까.

미국을 오갈 때, 비행기 안에서 서울을 내려다본 적이 있다. 한강과 산의 조화를 간직한 도시의 아름다움은 하늘 위에서야 비로소 느낄 수 있었다. 실상 밑에서는 아파트와 높은 건물들에 가려져 느낄 수가 없으니 말이다. 하지만 충격적이었던 건 하늘에서 본 내가 살고 있는 도시의 '윗낯'이었다. 한강을 따라 빼곡히 들어선 하얀색의 네모난 상자들. 좁은 땅 위에 더덕더덕 붙어 있는 네모 박스들. 한강 주변으로 옹기종기 모여 있던 아파트의 잔상들이 덧대어져, 이 모습이 가히 충격적이었다.

그렇게 짓고 또 짓고, 지평선 너머의 아름다웠던 한강이 이제는 아파트에 가려 보이지 않게 되었다. 비단 한강만이 아니다. 본래 그 자리에서 오랜 시간을 버텨온 나무와 산들이 깎이고 깎여 이 비좁은 서울의 땅 위에 새로운 네모가 지금도 계속해서 들어서고 있다. 이렇게 점점 사라져가는 자연의 풍경들. 하늘 위에서 그 광경을 바라보고 있으니 어딘가 쓸쓸하게 느껴졌다.

아파트 한 채를 갖기 위해 한 사람의 인생 전체를 쏟아붓는 현실이 과연 옳은 방향인가 생각해 본다. 거기에 가정을 꾸려야 하는 사람들 혹은 가정을 지켜야 하는 사람들 그리고 나의 사회적, 경제적 위치까지 고민하며 살아가야 하는 우리의 삶에서 '전망 좋은 네모 박스'를 손에 넣는 것이 진정한 성공일까? 그 박스를 갖지 못하면 실패한 삶일까? 이 질문에 대한 정답은 저마다 다를 것이다.

나도 한강이 보이는 좋은 집에 놀러 가면 '이런 곳에서 살고 싶다'라는 생각이 당연히 든다. 하지만, 그것이 내 꿈은 아니다.

내 꿈은 사랑하는 사람과 예쁜 일출과 일몰이 보이는 집에서 커피를 마시고, 책을 읽고, 오늘 있었던 일을 서로 나누는 것이다. 여기서 일출과 일몰이 보이는 집은 장치일 뿐이다. 내 꿈의 핵심은 '사람'이다. 인생을 함께 나눌 단 한 사람. 그 사람을 만나는 게 내 꿈이다.

미국에서 로드트립을 할 적에 어느 절벽 위에서 캠핑카를 정차하고 캠핑 의자에 앉아 저무는 노을을 바라보며 커피를 마시던 어느 노부부를 본 적이 있다. 지금도 눈에 선명하게 그려지는 모습이다. 그때부터 난 이 꿈을 꾸기 시작했다. 직업적으로는, 할리우드라는 가장 큰 '콜로세움'에서 우리나라의 훌륭한 아티스트들이 마음껏 뛰어놀 수 있는 '놀이터'를 만들어 함께 뛰어노는 것이 꿈이다. 더 나아가 아시아와 세계의 사람들이 그 놀이터에서 함께 뛰어노는 것, 창작하는 것. 언제부턴가 내 꿈엔 나 혼자만이 아닌 사람들이 함께하기 시작했다.

어느 책에서 이런 글을 봤다.

"좋은 사람을 사귀고 싶다면 그 좋은 사람과 사귀기 위해 뛰어다니지 마라. 내가 좋은 사람이 되도록 노력하라."

내가 원하는 삶을 살기 위해 오늘의 나는 어떤 노력을 했는가. 스스로에게 묻는다. 나는 분명 쫓는 인생보다 한 걸음이라도 스스로 걷는 인생을 지향한다. 목적지에 도달하는 것도 중요하지만, 그 여정 한 걸음 한 걸음이 더 소중하다.

수십 년 전 63빌딩을 지은 수많은 사람들도, 그곳을 거쳐 간 무수히 많은 사람들도 모두 잠시 머무르다 떠나갔다. 영원할 것 같았던 그 시절의 고급 아파트도 세월의 흔적을 이길 수 없고 영원한 가치를 무한히 지닐 수 없다. 결국 영원히 그 자리를 지키는 사람은 없다.

결국 나는 '영원하지 않음'을 자각하며 살아가는 삶이야말로 진짜 부자라고 생각한다. 그러면 지금 숨 쉬는 것이 고맙고, 사랑하는 이들이 평안한 오늘을 함께 보낸다는 것이 고맙다. 빌딩 사이사이에서 조용히 숨 쉬는 나무들, 숲, 산, 그리고 넘실넘실 출렁이는 한강에게도 고맙다. 이 감사함을 한껏 누릴 수 있는, 여유.

   네모의 꿈도 있듯, 세모난 꿈도 있고, 동그란 꿈, 별 꿈 등도 있다.
   세상의 무수한 꿈들이 모두 소중한 것이다.

   아침 산책 중 마주한 풍경과 떠오른 생각들,
   이 또한 영원하지 않지만
   그렇기에 더 소중하다.

빈틈 있는
사람

 어제는 아주 오랜만에 사랑하는 조카 로니와 시간을 보냈다. 내가 사랑하는 우리 조카는 탄생부터 정말 너무 귀여웠다. 그 작고 소중했던 아이는 무럭무럭 자라 10살이 되어 50kg에 이르고, 곧 나를 따라잡을 만큼 키가 컸다. 오랜만에 살을 부대끼며 허그도 하고, 어깨에 둘러메고 스쿼트도 하고, 이리저리 비행기도 태우며 깔깔대는 조카의 웃음소리를 들었다. 이 웃음소리를 계속 들을 수 있도록 사랑을 많이 주고 싶다는 생각을 했다.

 아이가 주는 행복과 그 안에 담긴 사랑에 대해 생각해 본다. 그 내면의 힘은 강력하다. 그 내면의 힘으로 이 드넓은 세상과 부딪치며 살아가는 것이 우리란 존재인 것 같다. 그렇게 부딪치고, 깨지고, 경험하고, 다시 돌아오는 안식처. 그걸 '가족'이라 부르면서.

생각해 보면, 나의 사회성의 시작은 가족과의 관계에서 비롯된 것 같다. 부모와의 관계, 친인척과의 관계. 이 관계의 구축이 바로 사회성의 시작이었지 않았을까.

나는 가족과의 관계에서도 무조건적이고 허물없는 사이, 가족이라는 이유로 모든 게 통용되는 그런 관계를 지향하지 않는다. 나는 가족 간의 관계에서도 어느 정도 일정한 거리를 서로 존중하며 살아가는 것을 지향한다. 내가 아무리 로니를 사랑한다고 해도, 우리 사이에는 일정한 거리가 존재한다고 생각한다. 각자의 생각과 삶이 있으니.

결국 존중의 거리, 배려의 거리를 이야기하는 것이다. 나는 가족 간의 관계에서도 이 거리가 있어야만 건강한 관계가 유지될 수 있다고 생각한다. 그래서 나는 가끔은 가족들에게 '틈'을 보이는 사람이고 싶다.

'빈틈'이 있는 사람.

그러려면 너무 완벽하지 않아야 한다. 너무 완벽하려 하면, 내 몸은 경직되고 굳는다. 관계도 마찬가지다. 하지만 빈틈이 있다면, 그것은 받아들임과 유연함의 시작이 될 수 있다. 그 빈틈 사이로 바람도 지나가고, 햇살도 지나가고, 오고가는 나에 관한 말들과 사람들의 평가도 지나가고, 스쳐가는 일상 속 수많은 상황들도 지나간다.

이 '빈틈'이 결국 흘려보냄을 느끼게 해 주고, 그 흘려보냄이 나를 조금 더 유연하게 만드는 통로가 되어 줄 것이라 믿는다.

로니에게도 '빈틈 있는' 삼촌이 되어 주고 싶다. 근엄하고 멋진, 판타지적인 어른이 아니라, 지금 내 모습 그대로 꾸밈없이, 그저 사람으로서 말이다.

부모가 아니기에 가능한 바람일지 모르지만, 어차피 삼촌의 역할은 그런 것 아닌가. 무한한 사랑을 주고받는 무해하고 편안한 관계. 그저 로니가 사랑이란 텃밭 속에서 무럭무럭 자라기만 바랄 뿐이다.

로니도 언젠가 수많은 관계를 맺는 공동체 사회의 한 구성원으로 자라겠지. 이제 막 관계 맺기를 시작한 내 어린 조카에게, 내가 좋은 토양이 되기를, 친구가 되기를, 버팀목이 되기를 바란다.

그리고 세상에서 사라지지 않는 가장 값진 '사랑'이란 보물이 늘 곁에 있음을 기억하길. 다시 한번 진심으로 바란다.

방향

언젠가부터 우리 사회는 목표를 가장 중요하게 생각하는 사회가 되었다. 나 또한 이 사회의 구성원으로서 목표에 치중하며 살아왔다. 나는 지금껏 작은 목표들을 세우고 실천하다 보면 그것들이 쌓여 큰 목표를 이룰 수 있다고 외쳐왔다. 사실, 목표를 세우고 계획을 실천해 나가는 것은 결코 나쁜 일이 아니다. 하지만 더 좋은 방법이 있다는 것을 깨달은 후 생각이 조금 달라졌다.

그 깨달음의 시작은 보만 스님의 말이었다. 라디오 게스트로 나온 보만 스님께 나는 올해의 목표가 무엇인지 물었다. 스님은 이렇게 대답했다. "제 큰 스승께서 말씀하셨습니다. '목표를 세우는 것도 좋고 중요하지만, 목표에는 성패가 따른다'고."

나는 이 말을 듣고 잠시 멍해졌다. 그리고 곱씹어 생각해 보았다. 그렇다. 목표란 결국 성공과 실패라는 결과를 내포한다. 계속해서 목표를 세우는 것은 성패가 누적된다는 의미다. 즉 성과에 대한 압박에 계속 노출되어 있는 것이다.

나 역시 '하루에 두 시간 영어 공부하기'라는 목표를 세우고 하루의 성패를 매일매일 나눴다. 결국 그 성공의 누적 값이 지금의 '헤이든 원'이라는 하나의 브랜드를 만들었지만, 그 과정은 녹록치 않았다. 그래서일까. 수년간 목표의 중요성과 '매일 하기'의 습관을 강조하며 달리던 어느 날, 나의 엔진에 제동이 걸렸다.

나는 매일 하던 일을 모두 내려놓던 그날을 잊지 못한다. 나에게 멈춘다는 것은 절대 있어서는 안 될 일이었다. 꾸준함은 내가 이때까지 중요하게 지켜오던 어떤 가치였다. 그런데 그 가치가 나도 모르는 사이 나를 짓누르고 있었나 보다. 물리적 상황에 의해 멈춰야 할지도 모른다는 압박이 나를 짓눌러, 나를 도와주고 있던 창현이 형에게 실수를 하고 말았다. 순간 깨달았다. 무언가 잘못되었다고. 결국 그날 나는 긴 시간 달려온 두 발을 멈추었다. 근 4년 동안 처음 있는 일이었다. 멈추고 나니 비로소 보였다. 내가 어디로 달려가고 있었는지.

결국 중요한 것은 목표가 아닌 방향이었다. 열심히만 노력해서 나아가는 것만이 방법은 아니었다. 방향만 맞추고 흐름에 몸을 맡겨 흘러가는 것이 더 중요할 때가 있다는 것을 지금은 안다.

할리우드에 도전할 당시의 나를 떠올렸다. 사실 나의 꿈과 목표는 '이 세상 최고의 배우가 될 거야', '할리우드에서 아카데미상을 받고 오스카상을 받을 거야'와 같은 것이 아니었다. 나는 그저 나 자신을 시험해 보고 싶었다. 과연 내가 매일매일의 꾸준함을 유지할 수 있는 사람일까. 그런 사람이 된다면 무엇이든 해낼 수 있는 어떤 힘을 느낄 수 있지 않을까. 그 힘으로 연기를 해 나아간다면 나와 만나게 되는 앞으로의 수많은 캐릭터들을 조금 더 여유 있고 넓은 마음으로 받아들일 수 있지 않을까. 그래서 목표가 아닌 사람 자체로서의 방향을 설정했었다.

성공한 사람들의 공통 분모를 내가 한번 체험해 보고, 꾸준히 실천한다면, 그것이 내 것이 되었을 때, 어느 정도 방향의 차이는 있겠지만, 그 방향으로 가고 있는 나를 볼 수 있을 것 같았다. 그렇게 하루하루 살다가 운이 좋으면 자연스레 영광의 순간을 한 번쯤 마주할 수 있지 않을까. 그렇지 않더라도 괜찮았다. 왜냐하면 그 과정 자체가 나를 성장시키고, 내가 배울 수 있는 영역을 확장해 주기 때문이었다.

그것이 나에게는 가장 큰 동력이었다.

잠깐의 멈춤을 통해 목표에 가려져 잠시 잊고 있던 나의 방향을 되찾았다. 처음 방향을 설정하고 5년이라는 시간이 흘렀다. 그리고 나는 그 끝자락에 서 있다. 지금까지 무탈하게 흘러온 이 방향을 토대로 앞으로의 방향을 재설정할 수 있는 선택의 순간이 온 것 같다. 그때의 내가 지금의 나를 상상이나 할 수 있었을까. 수많은 인연, 감사, 추억. 그것들은 모두 예상할 수 없던 것들이었다. 하지만 돌이켜보면 그 모든 것은, 내 삶을 성실히 살아보려는 결심과 방향이 만들어낸 결과였다.

지금의 나는 여전히 부족하고, 어리석고, 시행착오를 겪는다. 하지만 내 안의 자의식은 더 단단해졌고, 나를 마주하는 순간을 두려워하지 않게 되었다. 만약 누군가 5년 전의 나와 같은 고민을 하고 있다면 이렇게 말해주리라. 목표가 아닌 방향을 세우라고. 구체적이지 않아도 좋다고. 어차피 구체적인 실체는 알 수 없으므로. 다만 그 추상적인 방향이 내 삶에 아주 좋은 동력이 될 것임은 확신한다.

나의 방향은, 5년 전과 같다. 주어진 소명에 최선을 다하고 계속해서 탐구하고 배우며 순간순간을 살아가는 것. 그리고 마음껏 사랑하는 것. 나누는 것.

더하여, 이 방향을 잊지 말 것. 지칠 때면 잠시 멈추어 숨 한번 고르고 내가 나아가고 있는 방향을 확인할 것. 앞으로의 5년은 더욱 잘 달릴 수 있을 것 같다.

성패에서 벗어나,
오늘도 방향을 따라 살길.

3부

그 순간의 우린
부족함이 없었다

아버지의
필름 카메라

　　산책을 시작하며 여러 순간이 스쳐 지나가는 것이 유독 아쉽게 느껴졌다. 평소 같았으면 예쁜 하늘이나, 나뭇잎과 빛이 어우러지는 장면처럼 간직하고 싶은 순간에 스마트폰을 꺼내 사진을 찍었을 텐데. 스마트폰을 집에 두고 산책을 나오니 이런 부분이 아쉬웠다. 그렇다고 스마트폰을 들고 산책에 나오고 싶지는 않았다. 손에 쥐는 순간, 나는 또다시 그 익숙한 기계에 잠식돼 버릴 게 뻔하니까. 편안함이라는 이름 아래 본능적으로, 무심히.

　　그래서 생각했다. 지나침도 때론 기꺼이 흘려보낼 줄 알아야 한다고. 그렇게 며칠이 지났다. 그럼에도 내 안의 바람이 쉬이 사라지지 않았다. 걸으면 걸을수록 간직하고 싶은 순간이, 놓치기 아쉬운 찰나가 많아졌다. 좋은 방법이 없을까 생각하다, 필름 카메라를 떠올렸다. 10년 전 서울로 이사 올 때 짐 정리하다 발견한 아버지의 오랜 필름 카메라. 산책을 마치고 집으로 돌아와 곧장 아버지에게 전화를 걸었다.

"아빠, 예전에 쓰던 필름 카메라 아직 갖고 있어?"

"있을걸?"

"대박, 나 써도 돼?"

"그래, 가져다가 써."

"오케이, 지금 집으로 갈게!"

가는 길이 어찌나 설레던지. 수십 년 전 아버지가 보는 아름다움을 담아냈던 친구가, 이제 내가 보는 아름다움을 담는다 생각하니 두근거렸다.

집에 도착해 찾은 카메라 가방에는 먼지가 수북이 덮여 있었다. 아버지와 물수건으로 먼지를 열심히 닦아 냈다. 아버지가 나보다 더 설레 보였다. 필름도 없이 셔터를 눌러 보며 카메라를 다루는 아버지의 손끝에서, 옛 추억과 감정이 묻어났다.

"이게 89년도에 거의 100만 원 되는 돈을 주고 산 거야. 100만 원."

아버지는 '100만 원'을 강조했다. 그래, 이 녀석 이름은 앞으로 '백만이'다.

때 빼고 광내고, 백만이를 다시 숨 쉬게 해 줘야지. 부푼 마음으로 백만이를 품에 안고 남대문 지하상가를 방문했다. 남대문 공영주차장 지하에 차를 주차하고 건물 입구를 찾던 중, 로컬스러운 한 할머니를 발견하고 무작정 따라갔다. 생전 처음 보는 지하세계가 내 눈앞에 펼쳐졌다. 좁은 상가 골목 안에 빼곡히 자리 잡고 있는 상점들. 서울에 이런 곳이 있었다니. 반가운 마음에 두리번거리고 있었는데, 운이 좋게도 '카메라 판매'라는 간판이 즐비한 코너를 발견했다. 가게의 진열대에는 '백만이'보다 더 오래돼 보이는 카메라들이 많이 있었다. 가장 젠틀해 보이는 사장님께 다가가 물었다.

"사장님, 안녕하세요. 제가 아버지께 카메라를 물려받았는데요..."

"종류가 뭐예요?"

"니콘 FM2요! 카메라를 잘 몰라서 상태도 점검해 보고, 필요하면 수리도 하고 싶어요."

"야, ○○아, 이거 좀 봐드려."

말이 끝남과 동시에 어디론가 사라졌다.

그리고 반대편에서 포커 게임을 하던 사장님이 말을 이었다.

"이쪽으로 오세요."

앞 가게 사장님에게 쿨하게 나를 맡기고 가는 이 문화. 왜 이리 정겹고 재밌던지.

포커를 좋아하는 사장님은 백만이를 들고 요리조리 분해하며 살피기 시작했다. 한 5분 정도 렌즈와 본체를 닦으며 여기저기 훑더니 이렇게 말했다.

"렌즈에 곰팡이가 좀 꼈어요. 그리고 여기가 오래돼서 그런지 뿌옇게 색이 좀 바랬고, 저속 촬영을 하는데 속도가 너무 느려요. 이런 건 다 분해해서 기름칠을 하면 괜찮아질 거예요."

의사 선생님께 사망 선고, 아니 희망 선고를 받은 기분이었다.

"감사합니다. 혹시 수리는 안 하시나요?"

"네."

아니, 수리도 안 하는데 이렇게 정성을 쏟아 봐주셨다고?

"그럼 어디에 수리를 맡겨야 하나요?"

(옆 카메라 수리점을 가리키며) "저기서 물어보시면 돼요."

다음 번에 올 때 꼭 마실 거라도 사다 드려야겠다고 다짐하며 옆 가게로 갔다.

'카메라 수리'. 간판부터 가게의 정체성을 나타내고 있었다. 2평 남짓한 공간, 돋보기 안경을 쓰고 사극 드라마를 틀어놓은 채 무언가에 몰두해 있는 사장님이 있었다. 가게 안은 카메라와 관련 부품들로 빼곡히 채워져 있었고, 무엇보다 사장님이 뿜어내는 아우라가 굉장했다. 말 그대로 '장인'의 모습이었다.

"안녕하세요, 수리 문의 좀 하려고 왔습니다."

"아, 오늘은 너무 바빠서 안 돼요."

말이 끝나기도 전에 거절당했다. 강렬한 포스였다. 마치 이분만이 내 '백만이'를 살릴 수 있을 것 같았다. 더더욱 이 집의 손맛을 보고 싶어졌다.

"아... 저 오늘 당장 안 고쳐도 돼요!"

간절함을 담아 말했다. 사장님은 돋보기를 살짝 내리고 나를 바라보았다. 나는 앞니와 윗니를 살짝 드러내며 좋은 인상을 주려 애써 웃었다.

잠시 후, 사장님이 다가오며 말했다.

"뭔데요?"

관심이 생기신 눈치였다.

"아! 제가 아버지한테 카메라를 물려받았는데요..."

주저리주저리 이야기를 덧붙였다.

"아... 진짜 바빠서 오늘은 안 되는데..." 하시더니 카메라를 분해하기 시작했다. 역시, 일단 웃어야 해. 좋은 첫인상만큼 중요한 게 없다.

해체하는 모습을 옆에서 지켜보니, 정말 장인의 손길이었다. 전등 아래에서 렌즈를 이리저리 돌려가며 살펴보더니 한 마디 툭 했다.

"2~3일 괜찮아요? 내가 너무 바빠."

"네! 그럼요!"

이건 오케이 사인이었다.

"이 렌즈랑 본체까지 수리하면 10만 원 정도."

원래 이런 상가에선 흥정이 또 하나의 재미지만, 장인 앞에서 흥정은 사치라는 생각이 들었다.

'내가 아는 분야에는 비용을 들이지 말고, 내가 모르는 분야엔 비용을 들여 전문가에게 맡겨라.'

며칠 전, 독서 노트에 적어둔 손웅정 작가님의 말이 떠올랐다.

곧바로 대답했다.

"네! 좋습니다!"

흔쾌히 대답한 나를 보며 사장님은 약간 놀란 듯, 하지만 기분 좋은 표정으로 다시 자리로 돌아가 카메라를 점검했다. 장인과 나, 작은 교감이 오간 순간이었다.

쿨하게 거래를 마치고 나니 내 가방 속 다른 장비들의 상태도 물어볼 수 있었다. 사장님은 하나하나 정성스럽게 점검해 주었다. 아, 이게 바로 쿨 거래의 상쾌함인가.

카메라를 맡긴 뒤, 지하상가를 한 바퀴 돌았다. 세월의 흔적이 고스란히 배인 상점들, 그 안에서 묵묵히 삶을 이어가는 상인들의 모습이 눈에 들어왔다. 그들의 가게에는, 그들의 삶이 있었다.

  32년 만에 처음 발을 디딘 남대문 지하. 이곳에는 수많은 인생이 살아 숨 쉬고 있었다. 이 정서, 이 냄새, 이 기운이 어찌나 기분 좋던지. 백만이 덕에 좋은 경험 했다.

  '백만이'
  부르면 부를수록 귀여운 이름이다.
  아버지가 나보다 더 어린 시절이던 그때, 당시 첫 월급이 13만 원이었다고 했다. 1년 치 월급을 플렉스할 만큼의 큰 그릇을 가진 아버지의 스웩 넘치는 청춘이, 이제 나의 청춘과 맞닿게 되었다.
  이제는 내가, 내가 바라보는 세상을 찍을 차례다.
  산책길마다 백만이의 눈에 담길 선물 같은 순간들을 기대해 본다.

  찰칵.

건강하게
사는 방법

시원한 바람이 분다. 선선한 바람처럼 공원 길에서 내 주위로 러닝을 하는 사람들이 휙휙 지나간다. 아직까지 무더위가 찾아오지 않아서 그런지 달리는 사람들이 더욱이 많아 보인다.

문득 어제 책에서 읽은 재미있는 구절이 떠올랐다.

"100억을 주면 받으시겠습니까?"

"당연하죠."

"100억을 받으면 다음 날 눈을 뜰 수 없습니다. 그래도 받으시겠습니까?"

"아니요!"

"그럼 기억하세요. 내일 눈을 뜨는 가치는 100억 이상의 가치가 있는 겁니다."

건강하게 걷고 달릴 수 있다는 것은 100억, 아니 1000억보다 더 귀중한 가치다. 만약 내가 들리지 않거나 맛을 느끼지 못하는 상황을 상상해 본다면, 평소 소홀했던 내 감각들이 얼마나 소중한지 새삼 깨닫게 된다.

우리 사회가 성공을 연봉이나 주거지, 자동차 같은 경제적이고 물질적인 기준으로만 바라보고 있는 건 아닐까 하는 생각이 들었다. 오늘 아침에 눈을 떠 새벽 공기를 마시고, 맛있는 음식을 즐기고, 자유롭게 화장실을 이용하며 손을 씻고, 헬스장에서 운동할 수 있는 이 일상의 행복이 모두 건강에서 비롯되는 것 아니겠는가. 이렇게 보면 아침에 눈을 뜨는 순간 자체가 '성공'이다. 별 탈 없이 하루를 마무리하는 순간 역시도.

어제 일본어 수업이 끝나고 형석*(배우이자 '나는 자연인이다' 성우)* 형님과 함께 남대문 지하상가에 맡겨 둔 필름 카메라 '백만이'를 찾으러 택시를 탔다. 택시에 오르자마자 기사님이 밝게 인사를 건네셨다. "안녕하세요!"

"네! 안녕하세요!" 나도 밝고 우렁차게 대답했다.

백미러를 통해 눈이 마주쳤다. 나는 씨익 웃으며 말했다.

"기사님, 에너지가 너무 좋으신데요? 멋지십니다!"

"하하하, 그래요? 우리 잘생긴 손님들도 에너지가 넘치는데?"

"감사합니다. 기사님께서 밝게 인사해 주시니 저도 모르게 신이 났어요."

"고마워요. 근데 내가 몇 살처럼 보여요?"

기사님의 물음에 우리는 기사님의 옆모습을 요리조리 확인하며 나이를 유추했다.

"음... 50대 후반이신가요?"

기사님은 이내 백미러로 우리의 눈을 맞추며 말했다.

"자! 택시비는 안 받습니다!"

"하하하!" 화기애애하게 웃음꽃이 퍼졌다.

"내가 올해 70 조금 넘었어요."

우리는 깜짝 놀랐다. 일흔이 넘었을 거라곤 상상도 못 했다.

"이게 다 운동을 열심히 해서 그래요. 운동 좋아해요?"

"네! 아니, 도대체 어떤 운동을 하셨길래?"

"무슨 운동 했을 것 같아요?"

나는 기사님의 체형과 얼굴을 바라보다 이야기했다.

"혹시 마라톤?"

"어이구, 어떻게 알았어?"

"기사님께서 몸에 군살이 없으신 듯 보여서 달리기 하시는 몸 같았어요."

"이야~ 대단하네. 내가 마라톤을 30년을 했어. 풀코스 완주도 20번이 넘었고, 보스턴 마라톤도 10년 만에 완주했고, 그리고 등산도 좋아해서 히말라야 등반도 해 봤어요."

"우와! 히말라야를요?!" 우리는 너무나 놀랐다. 기사님이 동안인 이유가 이해되는 순간이었다.

"이따가 내리기 전에 내가 사진 보여줄게요. 우리 집은 나 때문에 삼 대가 작년에 마라톤 대회에도 출전했는걸."

"진짜 멋있는 할아버지다. 손주가 몇 살인데요?"

"8살인데 이번에 10km를 같이 완주했다우. 하하하."

와. 진짜 마라톤의 고수를 만난 듯했다.

"뭘 그렇게 놀라. 나도 직장 생활 30년 다니는 동안 살이 너무 쪄서 조금씩 달리기 시작한 게 여지껏 이어진 거예요. 이 지방을 태우는 데에는 달리기, 등산만 한 게 없어요. 가장 쉽게 할 수 있는 운동이고."

"지금도 계속해서 뛰고 계셔요?"

"그럼, 내 건강은 내가 지켜야지. 아무도 안 지켜줘. 나이 들었다고 자식들에게 의존하면 안 돼요. 내 인생은 내가 끝까지 스스로 책임지고 살아야지. 내가 지금도 달리는 이유는 가까운 사람들, 내 소중한 사람들 힘 안 들게 하려고 계속 뛰는 거야."

내 소중한 사람들을 힘들지 않게 하려고 뛴다.

우연히 탄 택시에서 어떻게 이런 멋진 분을 만날 수가 있을까. 목적지에 도착한 우리는 기사님의 사진을 보며 감탄했다. 히말라야 정상에서 찍은 사진, 보스턴 마라톤을 완주한 사진, 100km 마라톤 대회 사진 등 기사님의 족적에는 삶에 대한 열정과 도전이 고스란히 담겨 있었다.

"항상 건강해요. 참 멋진 청년들이네. 강동구에 살면 우리 산 탈 때 같이 타면 좋을 텐데." 마지막 인사를 끝으로 기사님과 헤어졌다.

그리고 진한 여운이 남았다. 덕분에 형석이 형과 나는 오늘 서울 시내를 구석구석 걸어 보기로 결정했다. 그리고 이 기분 좋은 에너지와 순간을 사진에 담아내며 서울의 골목골목을 느껴 보았다. 날씨는 무더웠지만 기분은 정말 환상적이었다. 필름 카메라의 프레임 너머로 보이는 세상의 순간순간들이 너무나 소중하게 느껴졌다. 필름 카메라에는 딱 서른여섯 번의 순간만 담을 수 있다. 필름 카메라의 묘미다. 그래서 그런지 셔터를 한 번 누를 때마다 고민에 고민을 거듭하게 된다. 이 셔터를 한 번 누르는 일도 우리의 삶의 일부였다. 바로, 선택의 연속이었다. 필름의 마지막이 정해져 있으니 그만큼 더 소중하게 느껴졌다.

어제의 만남을 되새기며 생각했다. 사는 게 참 재밌구나. 사람의 인연이란 참으로 신기하구나. 처음 만난 기사님과의 대화가 어제의 우릴 걷게 하고, 소중한 추억을 만들어 줬으니 말이다. 다음에 그 기사님을 다시 만날 수 있을까. 어제 나눈 대화의 조각이 오래오래 간직되었으면 하는 바람이다. 그리고 기사님이 항상 건강하셨으면 좋겠다.

나는 건강함으로써, 아침에 눈을 뜸으로써,
매일 100억 이상의 가치로운 삶을 살고 있다.

Last dance of
Spring

봄이 가려 한다. 올해의 봄은 참 좋았다. 하늘도 맑았고, 비는 거의 오지 않았고, 시원한 바람이 불며 노을은 매일같이 예뻤다.

오늘도 역시 봄을 만끽하기 위해 아침 산책에 나섰다. 푸른 하늘도 하얀 구름도 보고, 그러다 반대편에서 소소한 이야기를 하며 걸어오는 분들의 대화도 의도치 않게 듣게 되고, 산책하며 미소 짓는 강아지의 얼굴도 보고. 평소에 보이지 않았던 예쁜 가게들도 눈에 들어온다. 나의 시선이 온통 세상과 사람에 쏟아진다.

그저 지금의 이 기분이 좋다. 이른 아침의 싱그러움 탓일까, 주변을 둘러보니 다들 미소를 띠고 기분 좋은 하루를 시작하고 있었다.

　이 에너지를 만끽하며 걷고 또 걸었다. 내 앞에 아빠와 초등학생으로 보이는 딸이 손을 꼭 잡고 걷는 것이 보였다. 아빠의 손을 꼭 잡은 아이, 아이의 손을 꼭 잡은 아빠. 꼭 잡은 두 손에서 느껴지는 편안한 사랑의 에너지에 나도 모르게 끌렸다. 예전 엄마의 손을 꼭 잡던 나의 뒷모습도 비쳤다. 의도치 않게 그들의 대화가 내 귀로 흘러 들어왔다.

　아빠가 딸에게 묻는다.

"배 안 고파?"

"응. 조금 고파."

"뭐야, 그럼 배고픈 거잖아."

"헤헤헤, 배고파아아아!" 하고 아빠의 팔을 무는 딸.

"아! 이번엔 진짜 아팠어."

팔을 무는 장난을 치고 있었나 보다.

"우리 이따가 삼계탕 먹으러 갈까?" 아빠가 물었다.

"삼계탕?" 아이의 리액션이 그리 좋은 느낌은 아니다.

"응, 삼계탕 한 그릇 딱 먹으면 좋을 것 같은데."

"그래?"

"팔팔 끓여 나온 닭고기를 한 점 딱 떼어서 소금에 찍어 먹으면 맛있잖아, 그치?"

"왜 소금에 찍어 먹어?"

"소금에 찍어야 맛있지."

"그래?"

"응."

나도 어렸을 적에는 삼계탕을 그리 좋아하진 않았다. 나는 후라이드도 싫어했다. 후라이드를 소금에 찍어 먹는 건 더더욱 이해가 안 갔다. 나는 양념치킨을 좋아했다. 성인이 된 후 자연스레 입맛이 바뀌면서 담백한 후라이드가 좋아졌다. 어쨌든 어렸을 적을 비추어 보니 딸의 입장이 이해가 됐다. 오랜 나의 기억이 스쳤다. 아빠는 딸의 손을 꼬옥 잡고 묻는다.

"아빠 얼마큼 사랑해?"

"이따만큼, 땅만큼!"

"이따만큼은 뭐야!"

웃음소리와 함께 그렇게 부녀는 옆 사잇길로 사라졌다.

다시 혼자 걸으며, 며칠 전 저녁노을을 보러 한강에 갔을 때를 떠올렸다. 그때도 한 아이와 아빠가 내 옆자리 벤치에 앉아 테니스공을 가지고 공놀이를 했다. 아이는 '아빠'라는 단어만 말할 정도로 작았고 아빠는 아이의 것으로 추정되는 뽀로로 음료를 한 손에 들고 있었다. 아이와 아빠는 테니스공을 하나 두고 아름다운 노을 아래 깔깔대며 교감했다. 교감이 맞았다.

  문득 그 오렌지 빛깔의 노을 아래, 그들의 추억을 담아주고 싶었다. 어떻게 말을 꺼내야 할까 고민을 하는데, 테니스공이 내 쪽으로 굴러왔다. 이때다 싶었다. 굴러온 테니스공을 아이에게 쥐어 주며, 아빠에게 말했다.

"혹시 제가 두 분 사진 한 장 찍어 드려도 될까요? 오늘 노을이 너무 예뻐서 담아 드리고 싶어요."

"너무너무 감사하죠!"

  아빠는 "이리 와, 삼촌이 아빠랑 ○○이 예쁘게 사진 찍어주신대" 하며 아이를 번쩍 안았다.

  그렇게 그 둘은 그 오렌지 노을빛 아래 섰다. 여러 장의 셔터를 누르며, 내 오랜 추억이 스쳐 지나갔다. 아빠와 함께 놀던 순간, 엄마와 함께 놀던 순간. 그날의 우리도 누군가에게 미소를 짓게 하는 아빠와 아들, 엄마와 아들의 모습이었겠지.

  어쩌면 그때의 봄이 오늘의 봄과 크게 다르지 않을지도. 지난 추억을 음미하며 다시 걸었다. 내 콧속으로 추억의 내음이 들어왔다가 금세 빠져나갔다. 그래도 이 찰나의 내음을 느낄 수 있음에 감사했다.

좋다, 나의 봄.
오늘 하루를 잘 날 수 있을 것 같은 기분이 든다.

공원에서 만난 '귀빈'

어젯밤, 비가 부슬부슬 내렸나 보다. 촉촉이 젖은 도로, 반짝이는 잎사귀 위에 맺힌 빗방울들이 아직 어제의 비 소식을 전해 주는 듯하다. 선선한 바람, 뭉게구름 사이로 고개를 내밀다 말다 인사하는 오늘의 태양. 참, 이런 날씨는 사진 찍기 좋은 날씨다. 오늘도 휴대폰을 두고 집 밖으로 나섰다.

오늘은 백만이*(필름 카메라)*도 동행하는 산책이다. 내 눈으로 보는 풍경도 아름답지만, 백만이 눈으로 보는 풍경은 더욱이 아름답고 신비롭다. 내가 마주한 아름다운 순간들은 마음에 저장되지만, 흐릿해진다. 하지만 백만이가 보는 세상은 찰나의 표정, 감정, 사람, 풍경, 모든 순간이 저장된다. 그리고 또 다른 매력은 서른여섯 번의 셔터를 누르기 전까진, 그 찰나를 확인할 수가 없다는 것. 결국 그 속엔 '기다림과 설렘'이 있다. 이게 나와 백만이가 보는 시선의 차이인 것 같다. 그저 흘러가는 것과, 그 흐름 속의 찰나를 포착하는 것. 그래서 백만이와의 산책은 언제나 즐겁다.

무엇을 영원히 기록할까, 괜스레 꽃을 유심히 보게 되고, 나무 사이로 부서지는 햇살을 보게 되고, 벤치에 앉아 귀가 잘 안 들리시는 어르신을 위해 열정적으로 설명하는 이웃을 보게 되고, 아빠와 아이의 걸음을 보게 되고, 나무 위에 앉아 있는 비둘기의 시선을 따라가 보게 되고, 연인의 사랑스러운 눈맞춤을 보게 된다. 내가 지금껏 살아오면서 세상을 이렇게 유심히 관찰한 적이 있었나 싶을 정도로. 평범했던 것들이 소중해지는 순간이었다.

산책 내내 백만이를 눈에 가져다 대고 거의 떼질 않았다. 그러던 중 프레임 안에 미소를 띠고 있는 한 아저씨가 들어왔다. 나를 흥미로운 눈으로 보고 있었다. 나도 백만이에서 눈을 떼고 인사를 건넸다.

"안녕하세요."

"허허허, 필름 카메라네?"

"네! 맞아요! 아버지께 물려받았어요."

아저씨는 카메라를 달라는 듯 손을 내밀고, 나는 백만이를 건네드렸다.

"허허허, 좋은 카메라네 이거, *(이리저리 들여다보며)* 렌즈도 아주 깨끗하고, 관리를 참 잘했네?"

"얼마 전 남대문에 가서 싹 수리해 왔습니다. 이름은 백만이예요. 근데 제가 카메라를 잘 사용할 줄 몰라서 지금 이리저리 연구해 보고 있습니다."

"허허허, 그래요? 내가 카메라를 50년 동안 잡은 사람이야."

"네? 50년 동안 카메라를 잡으셨다고요?"

"그래요. 저기 저 마포역 앞에서 내가 사진관을 해요. 이름이 '귀빈칼라'."

"와! 대박! 사진사세요, 그럼?"

"응, 50년 동안 했다니까, 허허허."

아니, 카메라 장인을 이렇게 길거리에서 우연히 만나다니. 어쩐지 카메라를 다루는 솜씨가 남달랐다. 출근 중이라는 아저씨를 따라 걸으며 카메라에 대해 이것저것 물었다. 그런 모습이 좋게 보였는지 아저씨는 열정적으로 대답해 주었다. "여기서는 이렇게 해야 되고, 이 렌즈는 이렇게 찍어야 잘 나오고, 이런 빛일 때 조리개는 이렇게 열어야 하고, 야간 촬영 때는 셔터 속도를 이렇게 낮춰야 나온다" 원포인트 레슨이었다.

가르쳐 준 내용을 그대로 해 보았다.

"어이구, 사진에 진심이네?"

"재밌어요. 아직 잘 찍질 못하니까 진심을 담아서 최대한 눌러 보려고 해요. 이 필름 하나에 서른여섯 번의 순간을 담는다는 것도 즐겁고, 그 찰나를 내 손으로 선택하는 느낌이 너무 묘해요."

"허허허, 그치. 잘 찍고 못 찍고를 떠나서 그 진심이 있으면 된 거야. 그렇게 담아낸 순간들을 현상해야만 볼 수 있으니 되게 설레지, 허허허. 나도 우리 아들 사진 찍어 주고 싶어서 30년 전에 일본에 건너가서 이 필름 카메라를 샀었거든. 딱 이거야. 아들놈들 사진, 내가 많이 찍어 줬지."

"와, 아들들을 위해서 일본까지 건너가셔서 카메라를 사 오신 거예요? 어린 모습들 담아 주려고?"

"응, 애들 커 가는 순간을 남기고 싶은 것도 있고, 뭐 내가 사진을 좋아하니까, 허허, 겸사겸사."

"진짜 멋진 아버지시다! 저희 아버지도 바로 이 카메라로 저 어렸을 적 모습을 많이 담아 주셨어요. 그래서 이젠 제가 그 찰나를 담아 드리고 싶더라고요."

"아주 멋진 청년이네. 요새 청년들이 필름 카메라를 자네처럼 물려받아서 종종 필름을 사러 와."

"오? 사장님, 필름도 파세요?"

"그럼."

"그럼 사진 현상도 하세요?"

"그럼. 내가 저 자리에서 33년 사진관을 했는데, 현상도 되고 스캔도 되지!"

"와, 대박! 그럼 제 첫 필름, 사장님께 맡기러 가겠습니다!"

"허허허, 그래! 숲길에서 만난 청년이라고 올 때 얘기해 줘. 내가 기억은 할 텐데 혹시 까먹을 수도 있으니까."

다음을 약속하며 사장님과 헤어졌다.

혼자 남아 사장님이 가르쳐 주신 대로 꽃을 보고, 풀잎에 맺힌 물방울들도 다시 보았다. 우연으로 만난 사장님 덕분에 백만이를 업그레이드된 스킬로 다룰 수 있게 되었고, 필름 현상소도 찾았고, 원포인트 레슨도 받았다. 얼마나 재밌는 세상인가.

삶이란 조금만 더 자세히 보면 소중한 인연들로 가득하다. 그냥 스쳐 지나갈 수도 있었던 인연이, 따뜻한 미소와 말 한마디로 오래 남는 순간이 된다. 그 순간은 필름 속이 아닌 내 마음속 깊이 담긴다. 어쩌면 이 순간이 내 삶의 방향이 될지도 모른다.

조리개를 열고 초점을 맞추니, 여지껏 보지 못했던 세상의 빛이 나에게 펼쳐졌다. '귀빈칼라' 이름처럼 귀빈 같은 새로운 인연이 나에게 닿았다. 나도 사장님께 귀한 인연으로 남길. 꼭 그렇지 않더라도 단골은 될 수 있겠지.

덧. 사장님이 나에게 말을 건 이유

"지나가다가 보니까 안쓰러웠어. 필름 카메라는 그렇게 들고 찍으면 흔들려서 못 써. 눈이랑 광대 밑에 정확히 대고, 최대한 안 흔들리게 찍어야 되는데, 팔을 들고 이리저리 흔들면서 여기저기 보길래 웃겨서 가르쳐 주고 싶었어, 허허허."

허술하기 짝이 없는 나의 모습이 사장님에게 끌림을 주다니. 인생은 이래서 허술하게 살아야 한다. 오늘 나는 마음의 조리개를 활짝 열고 많은 빛과 따뜻함을 담았다. 그 안엔 새로운 인연의 싹이 자라고 있었다. 이 감사함을 이곳에 담아 본다.

세상은 살 만하다. 참 넓고, 아름답고, 신비롭다.
감사합니다, 나의 귀빈.

열정

　어제는 우리 집에서 형석이 형*(배우, 성우)*의 오디션 영상을 찍었다. 배우에게 '오디션 영상'은 일종의 면접이다. 영상에 무엇을 어떻게 얼마나 담아야 하는지 기준이 없어 어렵지만, 형님도 나도 만족할 만큼의 좋은 영상을 만들고 싶었다.

　머리만 가볍게 만지고, 곧바로 씬 분석에 들어갔다. 같이 호흡할 부분을 정하고, 연습을 통해 디테일하게 다양한 리액션 포인트를 정하며 하나의 장면을 만들어 간다. 아무런 장치 없이 모든 상황과 인물들을 상상으로 인식하며 휴대폰 카메라 앞에서 연기하는 건 늘 쉽지 않은 일이다.

　촬영을 시작했다. 휴대폰 프레임 속 형석이 형이 보였다.

형의 눈에서 '열정'이 느껴졌다. 같은 장면을 반복하고, 다시 외우고, 몰입하고, 안 되는 발음이나 막히는 부분이 생기면 생각이 많아졌다가, 결국 잡아내고. 반복되는 일련의 과정이 지칠 법도 했지만, 무언가를 창작해 보는 이 시간, 우리의 심장은 내내 뜨거웠다.

그렇게 장장 2시간을 촬영했고, 저녁식사를 건너뛴 줄도 모르고 우린 영상 만들기에 몰입했다.

"쉽지 않아... 고맙다, 헤이든"

영상 촬영을 마치고 형이 말했다. 그렇다, 어떻게 보면 쉽지 않았지만, 또 어떻게 보면 너무나 재밌는 과정이었다. 해본 적 없지만 '내가 만약 연출가라면'이라는 가정하에 형을 바라보았고, 형은 배우로서 내 의견에 귀 기울여 주었다. 우리가 서로 맞닿은 교집합 안에는 '열정'이 있었다.

오늘 아침에 문소리 선배님을 만나 영화 '오아시스'에 대해 이야기 나눴다. 지난달 '오아시스 각본집'을 선물해 주신 덕에 각본집도 읽고, 영화도 다시 봤다. 각본집을 볼 때 감독님의 디테일한 생각을 따라가면서 읽어 내려가니, 글이 더욱 아름답다고 느꼈다. 그리고 영화 속 설경구 선배님과 문소리 선배님의 연기를 통해 글이 한 장면, 한 장면으로 형태를 갖추었을 땐 찬사가 절로 나왔다. 정말 대단한 연기와 표현이었다. 이 영화가 세상에 나오기까지 애쓴 모든 분들께 감사한 마음이 절로 들었다.

"이렇게 멋진 예술을 창작해 주셔서 감사하다"라는 소감을 전하자 소리 선배님께서 영화의 탄생 일화를 하나 말씀해 주셨다. 선배님이 아파트 4층에 살고 있을 때 이야기다. 영화 '박하사탕'이 끝나고 이창동 감독님을 만나 이런저런 얘기를 나누다, "요즘 밤에 잠이 잘 안 와서 가만히 누워 있는데, 아파트 나무의 나뭇가지가 점점 자라서 방 창문으로 가로등에 비친 그림자가 비치거든요, 그게 가끔 바람에 흔들리거나 가만히 미세하게 움직일 때 뭔가 스산하고 음산한 기분이 들어요"라고 말했다고 한다.

그로부터 며칠 뒤 감독님께 시나리오를 하나 받았는데, 읽으면서 소름이 돋았다고. '어떻게 그 이야기를 이렇게 담아낼 수 있지?' 본인이 그냥 뱉었던 이야기가 한 남자와 한 여자의 사랑 이야기의 소재로 재탄생한 것이었다.

영화를 본 사람이라면 이해할 것이다. '오아시스' 영화를 관통하는 나뭇가지의 상징성. 종두와 공주의 사랑 이야기의 마지막 표현의 수단이었던 나뭇가지를 말이다. 그들의 이야기의 시작과 끝이 선배님의 말에서 피어났다는 것이 너무 재밌었다. 스쳐 지나갈 수 있는 것도 어떤 시각으로 바라보느냐, 즉 태도와 관점에 따라 무한한 변화와 가치를 지닐 수 있다는 것도 말이다. 나의 일상에도 적용해 봐야겠다고 다시금 다짐했다.

우리는 너무 쉽게 "아, 이제 나이가 있어서 그런 거 못 해", "야, 너니까 할 수 있지. 나는 시간이 없어"라는 늘 똑같은 핑계를 댄다. '열정'과 '현실' 사이에 과연 관계가 있을까. 나는 없다고 생각한다. 열정엔 열정이 가리키는 방향만 있다. 사람들이 현실과 상식이라는 벽에 갇혀 내 안의 뛰고 싶은 '열정'을 고립시키는 것일 뿐이다. 수많은 핑계를 다 차치하고, '그럼에도 불구하고' 하고자 하는 의지로 딱 한 발만 앞으로 내딛는다면, 내 앞에 무궁한 가능성의 세계가 펼쳐질 것이다. 열정을 멈추는 것도 다시 뛰게 하는 것도 나의 의지에 달렸다.

사람들이 내게 묻곤 한다. "넌 어떻게 그렇게 긍정적이야?" 그때마다 난 이렇게 대답한다. 불안과 걱정에 쏟는 에너지를 아껴서 긍정에 쏟는다고. 내겐 부정에 쓰는 에너지는 낭비이고, 긍정에 쓰는 에너지는 귀한 소비라고. 5년 전 "영어 공부를 해서 할리우드에 간다"는 나의 포부를 모두가 부정했을 때, 난 0.1퍼센트의 가능성을 바라보며 하루하루 공부에 전념했다. 그 결과 할리우드에서 네 편의 작품을 찍었다. 또 2년 전부터는 일본어 공부를 시작했다. 이때 모두가 한자가 나오기 시작하면서부터 어려워진다고 했다. 그때 많이들 포기한다고. 난 그 말을 듣고 일본어 공부를 시작할 때부터 한자 공부를 절대 놓지 않겠다 다짐했다. 2년이 지난 지금, 나와 비슷한 시기에 공부를 시작한 친구들이 묻는다. "한자 공부 어떻게 했어?" 난 답한다.

"그냥 매일 했지."

내가 만약 한자 공부를 하기 싫은 것으로 치부하고 어렵게 생각했다면, 하루하루가 고역이었을 것이다. 그렇지만 '오늘 새로운 한자를 하나 알았네'라는 긍정적인 마음으로 읽고 쓰고 하다 보니 매일이 쌓여 지금은 현지인과 가벼운 대화를 나눌 정도가 되었다. 열정이라는 씨앗에 매일 긍정이라는 물을 주는 것이 건강한 삶을 유지하는 나만의 비법이다.

열정이 무엇이냐 묻는 사람에게, 2024년 백상예술대상에서 이순재 선생님의 특별 무대를 보여주고 싶다. 진정 '열정'을 가진 자의 힘이다.

저마다의 개성과 재능을 가진 개개인의 '열정이 만들어 낼 무언가'가 얼마나 멋지고 가치로울까.

무척이나 기대된다.

불을 피워 보자. 열정의 심지에, 나의 의지에.

오키나와1

나는 오늘 오키나와에 도착했다. 촬영이 갑작스레 취소되어 하루 만에 다시 돌아온 참이다.

태풍이 온다던 오키나와는 태풍이 오질 않았다. 가끔 여행은 이런 날씨의 행운을 내게 가져다준다.

오키나와에 와서는 일부러 휴대폰 인터넷도 연결하지 않았다. 표지판과 지도를 보며, 가끔 사람들에게 물어 가며 그렇게 숙소에 도착했다. 뿌듯했다.

휴대폰이 없어도 괜찮았다. 사람들이 있었고, 그들이 만들어 놓은 친절한 안내가 곳곳에 있었다.

호텔에 짐을 풀고 밖을 나섰다. 비가 조금씩 내렸다. 우산을 쓰고 바닷가 쪽을 향해 걸었다.

걷고 또 걸어 마침내 바닷가에 도착했다.

끝을 모르는 여정은, 인생의 초행길은 늘 멀게만 느껴진다. 언제 나올지 모른다는 두려움과 언젠간 나올 것이란 희망을 품고 그저 걷는다.

걸으며 오키나와를 둘러보았다. 바다와 도시, 자유로운 사람들, 그리고 바람. 산다는 게 다 똑같은 것 같다. 사실 주어지는 특별함은 크지 않은 것 같다. 특별한 인생은 스스로 만들어야 한다.

오리온 맥주를 한 모금 들이켜며, 조금씩 비가 내리는 바다를 바라보며, 이 글을 적는다.

오키나와2

    오키나와에서의 마지막 날, 새로운 곳이 없을까 하다가 오키나와의 모토부쵸 근처에 위치한 '민나섬'이란 곳을 찾았다. 스노클링하기 좋은 장소로 유명한 곳이었다. 즉흥적으로 떠난 여정이라 민나섬으로 가는 항구에서 당일 스노클링 예약이 가능한지 물어봤다.

"민나섬 안에도 있으니 거기서 하면 돼요."

  아저씨의 답을 듣는 순간 가슴이 두근거렸다. 일본인 아저씨와 소통이 됐다는 사실에 놀라웠다. 타국의 언어를 할 수 있다는 건 정말 신비로운 일이다. 일본어를 공부하니 일본 사람들과 대화를 나눌 수 있고, 길도 물어볼 수 있고, 정보도 얻을 수 있다. 또 하나의 새로운 세상이 열린 기분이었다.

출항 시간을 기다리며 출출함을 달래고자 근처 식당을 찾았다. 오키나와는 '타코라이스'가 유명하다. 근처에 허름한 가게 하나가 있었다. 허름하다기보단 오래 그 자리를 지키고 있는 가게 같았다. 왠지 맛집일 것 같은 느낌에 그 가게로 향했다. 가게에 도착하니 나이가 지긋한 아저씨 한 분이 나왔다.

"곤니치와. 타코 또 타코라이스 히토츠 구다사이*(안녕하세요. 타코와 타코라이스 하나 주세요)*."

아저씨는 먹고 갈 건지, 가져갈 건지 물어봤다. 가져가서 민나섬에 갈 거라고 말하자 아저씨가 말했다.

"모치카에테 스구니 타베나이토, 타코스가 시케테 시마이마스*(가져가서 바로 먹지 않으면 타코가 눅눅해져요)*."

'시케테 시마이마스*(눅눅해진다)*'는 모르는 단어라 처음엔 알아듣지 못했다. 그걸 눈치챈 아저씨는 다시 설명해 주었다.

"사쿠사쿠시타 모노가 시케테 시마운데스*(바삭바삭한 게 눅눅해져요)*."

의미가 정확히 해석되진 않았지만 '사쿠사쿠'를 계속 듣다 보니 '바삭바삭' 같다는 느낌이 들었다. 참 신기하게도 의미가 전달됐다.

"다이죠부*(괜찮습니다)*."

그러자 아저씨는 요리를 시작했다.

가게에 앉아 생각에 잠겼다. 모르는 말인데도 소통이 되는 게 너무 신기했다. 이런 게 소통이구나. 아저씨가 요리하는 모습을 보면서 이 타코라이스는 안 먹어 봐도 맛있을 거란 확신이 들었다. 얼마 지나지 않아 아저씨는 음식을 포장해 주었고, 포장 용기 밖으로 빠져나오는 냄새가 일품이었다.

"아리가토 고자이마스*(감사합니다)*!"

배를 타고 민나섬으로 가는 동안 바닷바람을 맞으며 오리온 맥주 한 캔과 타코라이스를 먹었다. 아저씨의 우려와는 다르게 타코가 정말 바삭바삭했다. 바삭바삭한 타코에 달걀과 특제 소스, 각종 재료를 버무린 타코라이스와 맥주의 조합은 그야말로 천국이었다. 바다는 푸르디푸르렀고 하늘은 맑았다. 그 위로 패러글라이딩을 즐기는 사람이 보였다. 새처럼 자유로워 보였다. 저 큰 날개를 달고 바람을 가르는 기분은 어떨까.

민나섬에 도착하니 정말 아름다운 바다가 펼쳐졌다. 새로운 파라다이스였다. 해변 앞에 스노클링 업체들이 줄지어 있었다. 그중에 우리말이 들렸다.

"이쪽으로 오세요!"

자연스레 그쪽으로 가려던 발길을 틀었다. 편한 쪽으로 가고 싶지 않았다. 일본에 왔으니 기왕이면 공부한 일본어를 써 보고 싶었다. 일부러 옆 부스에 있는 일본 아저씨들에게 갔다. 왠지 미안한 마음이 들었지만, 그쪽으로 많은 사람들이 가서 다행이었다.

"이쿠라데스카? 히토리데스(얼마인가요? 혼자입니다)."

"3젠엔데스(3만 원입니다)."

비싸다 싶었지만 보트를 타고 나가 좋은 포인트에서 스노클링을 즐기고 싶었다. 이 시간은 다시 오지 않으니까. 계약을 마치고 곧장 항구로 갔는데, 아까 우리말을 쓰던 여자분이 있었다. 민망해서 다른 곳으로 가려던 찰나에 또다시 우리말이 들려왔다.

"저쪽에서 신청하셨죠?"

"네?... 네..."

"이 배 타시면 돼요. 신청자가 없어서 저랑 가실 거예요."

"아... 네..."

알고 보니 이곳의 모든 업체가 같은 업체였다. 민망했다. 그래도 일본어를 실전에서 써 보려 했다는 것에 스스로 만족하며 민망함을 거두었다.

함께 배를 타고 나가며 이런저런 대화를 나눴다. 그녀는 바다에 대해 열정적으로 설명해 주었다. 지금 가는 포인트의 산호초는 원래는 정말 푸르렀지만, 지구 온난화로 죽어가고 있다고 했다. 특히 올해는 태풍이 오지 않아 수온이 따뜻해지면서 산호가 살 수 없는 환경이 됐다고 했다. 바다에 들어가기 전 가슴이 아팠다. 산호의 죽음엔 나의 책임도 있기에 미안한 마음도 들었다. 모국어가 아니었으면 알지 못했을 정보였다.

그렇게 포인트에 도착해 망망대해에 몸을 담갔다. 수경을 쓰고 수면 아래 세상을 보니 신비로웠다. 맑디맑았다. 아는 만큼 보인다고, 죽은 산호들이 눈에 들어왔다. 직접 보니 가슴이 더 아팠지만, 다른 한편으로는 처음 보는 바닷속 세상에 온통 신경이 빨려 들어갔다. 정말 아름다웠다. 수많은 물고기들이 살아가는 모습에 감탄했다. 내가 모르는 세상에서 그들은 자신만의 삶을 살고 있었다. 그들도 나와 이 순간 함께 같은 지구를 여행하는 여행자들이었다.

그렇게 한 시간가량 드넓은 바다를 헤엄쳤다. 가끔 물 밖에 나와 우리말로 설명을 듣는 것도 쏠쏠한 재미였다. 일본인 강사였다면 꿈에도 못 꿀 대화였다. 소통의 소중함을 다시 느꼈다.

헤엄을 치다 바닷물을 조금 마셨는데도 짜지 않았다. 기분 탓인가? 마칠 시간이 되어 아쉽게 배로 올라왔다. 배 위에서 바다를 보며 그녀가 내게 이야기했다. 지금 이 바다를 보면 가슴이 아프지만, 내년에는 산호들이 다시 숨 쉴 날이 오길, 본연의 푸르름을 되찾길 바란다고. 아픔 속에서도 희망을 품는 그 모습이 참 아름다웠다.

  스노클링을 마치고 해변에서 휴식을 취했다. 따뜻한 해변에 등을 대고 누워 주변을 바라보니 가족들과 연인들이 행복한 시간을 보내고 있었다. 한 아이가 아빠에게 공을 힘껏 던진다. 아빠는 아이의 공을 받아 들고 입가에 미소를 짓는다. 아이는 아빠에게 공을 다시 건네 보라며 소리친다. 행복한 아우성이 이 해변에 즐거움을 가득 불어온다. 나는 그들의 모습을 보며 나의 부모를, 사랑하는 사람들을 떠올렸다.

오키나와3

민나섬에서 돌아와 숙소로 향하는 길, 해가 뉘엿뉘엿 저물어 가고 있었다. 오늘의 노을은 아름다울 것 같은 예감이 들었다. 숙소로 가는 길에 노을을 볼 수 있는 카페를 들러야겠다고 생각했다. 그 황홀함을 놓치고 싶지 않았다.

택시를 타고 30분을 달려 도착한 카페 주변에 작은 해변이 있었다. 망설임 없이 그곳으로 향했다. 마침 노을빛이 하늘을 주황색으로 물들이기 시작했다. 해변에서 간이의자와 테이블이 있는 장소를 발견했다. 마을 사람들이 노을을 즐기기 위해 만든 공간 같았다. 비를 가리는 작은 처마까지 있었다.

의자에 앉아도 될지 망설였지만, 주변에 아무도 없어 잠시 앉기로 했다. 점점 하늘이 오렌지빛으로 물들어 가고 있었다. 그렇게 하늘을 바라보고 있는데, 오키나와 주민으로 보이는 아저씨가 내 옆으로 왔다. 나는 바로 일어섰다. 그러자 아저씨가 이내 내게 말했다.

"다이조부, 다이조부. 스왓테 쿠다사이*(괜찮아요, 괜찮아요. 앉으세요)*."

아저씨의 인상은 푸근하고 개구졌다. 눈가의 주름이 삶의 이야기를 담고 있는 듯했다. 그 웃음 자국에 마음이 편안해졌다.

"유우구레와 키레이쟈 아리마센카*(노을이 예쁘지 않나요)?*"

"하이, 쿄노 유우구레와 멧챠 키레이데스네. 우츠쿠시이 *(네, 오늘 노을은 정말 예쁘네요. 아름다워요)*."

아저씨는 내 일본어 대답에 놀라며 일본어를 잘한다고, 얼마나 공부를 했냐고 물었다. 1년을 매일 공부했다고 대답했다. 그렇게 우린 대화를 시작했다. 아저씨는 손에 든 오리온 맥주를 건네며 물었다.

"비루 스키데스카*(맥주 좋아해요)?*"

"다이스키데스*(정말 좋아합니다)*."

"잇쇼니 노미마쇼우카*(같이 마실래요)?*"

"에? 혼또*(정말요)?*"

아저씨는 웃으며 마셔도 된다고 하더니 잠시 기다리라고

했다. 노을을 보고 있으라고 했다. 나는 그사이 짙어지는 오렌지빛 하늘을 온몸으로 느꼈다. 그리고 설레었다. 새로운 인연과의 만남이 더해져 오늘 하루의 마무리가 이 노을처럼 환상적일 것 같다는 생각이 들었다. 그렇게 아저씨를 기다리며 바다 내음과 노을의 향기를 온 감각으로 느꼈다.

얼마 후 아저씨가 맥주 4캔을 들고 돌아왔다.

"쟈, 노미마쇼*(자, 마십시다)*!"

"혼토니 다이조부데스카*(정말 괜찮으세요)*?"

"모치론*(물론이지)*!"

그렇게 우리는 오리온 맥주를 따서 "건배"를 외치고 한 모금 들이켰다. 시원한 오리온 맥주의 청량함이 내 목을 기분 좋게 때리며 목구멍 안으로 깊게 새겨지는 기분이었다. 그 한 모금에 오늘의 찰나가 더 깊이 느껴졌다. 아저씨와의 관계도 더 깊어지는 듯했다. 맥주 한 모금에 노을을 한 번 바라보니 저절로 이 말이 흘러나왔다.

"시아와세데스네*(행복하네요)*."

그렇게 함께 저물어 가는 오늘의 노을을 바라보는데, 아저씨가 나에게 패들보트를 타 본 적 있냐고 물었다. 없다고 하자 한번 타 보는 게 어떻겠냐고 했다. 아저씨가 패들보트 강사라며 카페 밑이 사무실이라고 했다. 방금 스노클링을 하고 온 뒤라 옷이 없어 아쉽다고 했더니, 옷을 빌려주겠다고 했다. 원래는 5만 원인데 3만 원에 해 주겠다고, '지금 이 아무도 없는 바다 한가운데에서 저무는 노을을 바라보는 순간은 다시는 오지 않을 것'이라고 덧붙였다.

'어랏, 이것은 아름다운 배경을 무기 삼은 환상적인 비즈니스 기술인가?' 싶기도 했지만, 아무럼 어떤가. 이런 생각을 하는 나도 세상의 이해관계에 물든 인간일 테지. 분위기에 취했는지 오렌지빛의 하늘 아래서 흘러나온 아저씨의 제안이 따뜻하고 진정성 있게 느껴졌다.

그렇게 아저씨의 옷을 빌려 입고 패들보트를 배우러 해변으로 갔다. 아저씨는 간단히 설명하고 바로 타 보라고 했다. 교육 시간은 단 1분. 보이스카우트 경험을 살려 노를 저어 보니 보트가 바다로 나아갔다.

"스고이! 스고이데스! 조즈데스네*(대단해요! 정말 대단해요! 잘하시네요)*!"

아저씨는 그대로 가라며 손을 흔들어 주었다. 허술해 보였지만, 그의 말을 믿고 바다로 나아갔다. 어두워질 때 돌아오라는 말을 뒤로하고 노을 속으로 노를 저어 나아갔다. 한두 번 저어 보니 점점 적응이 되었다.

노가 파도에 잔잔히 부딪히는 소리, 노가 물살을 밀며 스르륵 나아가는 소리, 패들보트가 파도에 출렁이는 소리. 주변엔 정말 아무도 없었다. 그저 바다, 하늘, 태양, 그리고

'나'뿐이었다. 어느 정도 나아가 자리를 잡고 앉으니 잔잔한 파도에 오렌지빛 윤슬이 비쳤다. 고요했다. 그 고요함과 노을의 조합은 환상적이었다. 외롭지 않았다. 이 세상의 신비가, 아름다움이 나를 껴안아 주는 듯했다.

그렇게 가만히 노을을 바라보는데 어디선가 음악 소리가 들려왔다. 뒤를 돌아보니 처마 밑에 주민들이 모여 있었다. 아마도 맥주를 마시며 노을을 즐기고 있었던 것 같다. 나는 저 멀리서 들리는 그들의 음악을 베개 삼아 바다 한가운데서 나만의 시간을 가졌다.

시간이 흘러 더욱 짙은 오렌지빛이 하늘을 물들일 때 옆으로 달이 차올랐다. 장관이었다. 노을, 달, 그리고 바다 위의 나. 내 평생 처음 느끼는 기분이었다. 파도에 몸을 맡기고 가만히 앉아 노을을 즐겼다. 평생 기억될 순간이었다.

점점 오렌지빛은 보랏빛으로 변하고 어둠이 찾아왔다. 바다 한가운데서 맞이한 첫 어둠이었다. 투명했던 바닷물이 이제는 보이지 않았다. 두려움이 찾아왔다. 아까 본 물고기들이 지금 내 보트 밑을 헤엄치고 있을 거라 생각하니 조금 무서워졌다. 담가 두었던 발을 보트 위로 올리고 어둠이 더 짙어지기 전에 해변으로 돌아갔다.

해변에 도착해 패들보트를 두고 모래사장과 바다 사이에 앉았다. 파도가 내 다리를 감싸고 끌어당겼지만, 모래를 부여잡으며 그 일렁임을 즐겼다.

한참 후 아저씨가 내려왔다. 어땠냐고 물었다.

"혼토니 아리가토 고자이마스. 스고이 케이켄데시타*(정말 감사합니다. 엄청난 경험이었어요).*"

아저씨는 재밌었다니 본인도 너무 행복하다며 웃었다. 우선 추우니 샤워를 하고 오라는 말에 오키나와의 짠 내를 씻으러 갔다.

좋은 기분으로 허름한 샤워장에서 소금기를 씻었다. 소금기를 씻어 내는 동안 패들보트에서 봤던 노을과 밤하늘이 계속 생각났다. 이 소금기와 함께 아까의 행복한 순간도 씻겨 내려가는 기분이 들어 아쉬웠다. 조금은 깊게 내 몸에 남아 있어 주길 바라며 잔잔히 여운을 곱씹었다.

샤워를 마치고 아저씨에게 감사 인사를 전하러 가니, 마을 주민들이 맥주를 마시며 전통 악기를 연주하고 있었다. 아저씨의 소개로 주민들과 인사를 나눴다. 모두 내 일본어에 놀라며 칭찬했다. 그곳에 있던 주민들 모두가 같이 맥주를 마시자고 했다.

"잇쇼니 아소비마쇼우*(함께 놀자)!*"

"다이조부 데스카*(괜찮습니까)?*"

"모치론*(물론)!*"

그들 사이에서 이야기꽃이 피었다. 주민들은 나에게 일본어 공부법, 직업, 방문 이유 등을 물었다. 배우라는 말에 더 반가워했다. 한국 드라마가 전 세계적으로 인기라며 기뻐했다. 나도 일본 영화와 드라마의 아름다운 이야기와 따뜻한 감성을 좋아한다고 했다. 분위기가 무르익자 사람들이 오키나와 전통 악기에 맞춰 노래를 불렀다. 달빛이 바다를 비추는 가운데 처마 밑에서 작은 악기의 선율에 따라 전통 노래를 부르며 우리만의 밤을 채웠다.

놀라운 순간도 있었다. 내 옆 사람의 머리에 사마귀가 앉았는데, 그 사람은 본인의 머리 위에 사마귀가 있는지 알아채지 못하고 있었다. 우리는 서로 눈빛으로 소통하며 그녀를 놀렸다. 뒤늦게 눈치챈 그녀는 처음에는 흠칫 놀랐지만, 머리를 휘저으며 사마귀를 떼어 내려고 하지 않고, 더욱 신나게 노래를 불렀다. 나는 무섭지 않느냐고 물었다. 그녀는, 사마귀가 머리 위에 앉은 건 나에게 행운이 찾아온다는 의미라고 했다.

"엄청 무섭죠. 하지만 사마귀가 머리 위에 앉은 건 행운을 뜻하는 거예요. 우리의 만남이 오늘의 행운인 것 같네요. 행운을 내 손으로 치워 버릴 순 없죠. 지금의 행운을 그저 즐기면 돼요."

나는 그녀의 대답과 동시에 주변 사람들을 보았다. 모두가 입가에 미소를 머금고 있었다. 달빛 아래에 같은 마음으로 노래를 부르며 즐기는 이 순간이, 우리 인생에서 얼마나 큰 가치인지를 모두가 한 마음으로 느끼고 있는 것 같았다.

그렇게 점점 밤이 깊어 가고 아저씨는 신이 났는지 야키니쿠 파티를 제안했다. 모두 당장이라도 바비큐를 하고 싶어했다. 나도 정말 하고 싶었지만 짐을 꾸리고 떠날 준비를 해야 했다. 아쉬운 마음을 전하니 아저씨도 아쉬워했다. 나는 내년에 꼭 다시 오겠다고 약속했다. 그때는 함께 야키니쿠를 먹자고. 그리고 이 소중한 추억을 필름에 담아도 되겠냐고 물었다. 모두 쑥스러워하다가 허락해 주었다. 카메라에 그들을 담았다. 그들의 눈동자에는 우리의 추억이 반짝이고 있었다. 그 순간의 흥이 담겼는지 사진은 비록 흔들리게 찍혔지만, 내 마음속엔 선명히 남았다(*흔들린 덕분에 '자연 블러' 처리되어 책에도 실을 수 있게 되었다. 아마 잘 찍혔다면 이 순간을 공유할 기회가 없었을 것이다*).

오키나와의 마지막 밤, 달은 가득히 차올랐다. 달빛은 어두운 바다를 환하게 비추었다. 그렇게 마지막 날이 저물었다.

지금, 그들이 문득 보고 싶어지는 밤이다.
다시 만날 수 있겠지. 건강하길 바란다.
겡키데스카. 아리가토우 고자이마스(*잘 지내나요. 감사합니다*).

온기

유난히 바빴던 여름. 올해 휴가는 없나 보다 했는데, 다행히 하루 휴가가 생겼다. 이 기쁜 소식을 들은 친구들이 고성에 놀러 가자고 했다. 당연히 콜. 그렇게 새벽 4시에 우리의 여행이 시작되었다.

고성으로 가는 차 안. 신나는 음악을 들으며 서로 각자의 추억을 음악과 함께 꺼내어 보았다. 그렇게 우리의 이야기엔 불이 짚여지고 우리의 온도는 끓기 시작했다. 어쩌면 이 불이 어둠마저 서서히 밝히는 듯했다. 어느새 동쪽으로 향하는 차 안이 서로의 온기로 가득 차 있었다. 그렇게 신나는 노래가 흐르다가 갑작스레 잔잔한 음악으로 바뀌었다. 신기하게도 우리의 대화 주제는 음악에 따라 바뀌었다. 아직은 컴컴한 어둠 속에서 우리는 마음에 간직하고 있던 반짝이는 것들을 하나둘씩 꺼내 놓았다. 마치 별처럼. 그 이야기는 까만 새벽의 하늘 위로 날아가 반짝이기 시작했다.

한 친구가 자신의 별 하나를 꺼냈다. 아픔이었지만 이제는 아픔이 아닌. 지금은 덤덤하지만 그래도 아팠던. 돌아가신 할아버지에 관한 이야기였다. 친구는 눈물을 훔치며 말했다. 할아버지와 작별하던 날, 할아버지의 유골을 두 손으로 움켜쥐고 바람에 흘려보낼 때 그 손끝에 느껴지는 마지막 할아버지의 온기를 잊을 수 없다고. 무척 따뜻했다고 말이다. 손끝에서 날아가 버린 것만 같았던 할아버지와의 기억은 고스란히 친구의 마음속에 남아 있었다. 이제는 피부로 느낄 수 없는 그 온기는 마음의 실체에서 그때보다 더 따뜻하게 남아 있었다. 나는 말없이 친구의 손을 꼭 잡아주었다. 다른 친구는 그 친구의 어깨를 감쌌다. 우린 친구에게 새로운 우리의 온기를 전했다. 따뜻하게 반짝이는 치유였다.

나는 친구의 이야기를 들으며 우리 할머니를 떠올렸다. 내가 꿈을 좇으러 미국으로 갔을 때, 나의 사랑하는 할머니가 돌아가셨다. 사실, 어느 정도 나는 알고 있었다. 할머니가 돌아가실 거라는 걸. 할머니와의 마지막 대화에서 어렴풋이 느껴졌다.

호스피스 병동에서 할머니와 나란히 앉아 가을 단풍을 바라보고 있었다. 할머니의 손을 꼭 잡고 할머니의 볼에 얼굴을 맞대었다. 할 수 있는 한, 만질 수 있는 한 내 몸으로 할머니의 온기를 느끼고 싶었다. 한참 시간을 보내고 나는 할머니에게 이야기했다.

"금방 돌아올게. 2주 뒤에 올 테니 조금만 기다려 줘."

평소 같으면 기다려 달라는 나의 말에 웃으며 "걱정 말고 잘 다녀와"라고 얘기했을 터였다. 그런데 그날은 처음으로 이런 말을 했다.

"그런 약속 같은 거 안 해. 건강하게만 다녀와. 우리 성연이 사랑해."

그 말을 뒤로 하고 나는 미국으로 떠났다. 그리고 내가 세상에서 가장 사랑하는 사람과 이별했다. 돌아오는 비행기 안에서 숨이 막힐 듯 지옥 같은 13시간을 보냈다. 눈에서 눈물이 멈추지 않았다. 몸에서 나올 수 있는 수분은 다 빠져나오는 것 같았다.

미안했다. 너무 미안했다.

홀로 내 안의 이기적인 나와 마주했다. 알고 있었으면서. 할머니 곁을 지키지 못했다는 후회와 나의 선택에 정당성을 부여하는 이기심 사이를 부유하며, 미친 듯이 울었다.

장례식장에 도착하자 가족들이 보였다. 한 명 한 명, 가족들을 끌어안았다. 따뜻했다. 아무 말도 하지 않았지만 이 온기만으로 큰 위로가 되었다. 할머니 영정 사진을 들고 마지막 길을 배웅하러 가는 길엔 짙은 안개가 끼어 있었다. 언덕의 중반쯤 올랐을 때 뒤를 돌아보니 긴 행렬 속에 가족들의 얼굴이 보였다. 어떠한 책임감이 들었다. 이 사람들에게 내가 받은 온기를 줄 수 있는 가족이 되어 주겠다는. 그렇게 할머니는 내 곁을 떠나는 순간까지 내게 온기를 가르쳐 주었다.

또 다른 나의 친구는 몇 년 전 돌아가신 어머니 이야기를 꺼냈다. 어머니의 상실이란 내가 가늠할 수 없는 슬픔이었다. 그 친구는 "너무 힘들었다"라고 말했다. 그 말이면 충분했다. "그래도 장례식에서 너희와 다시 만나 이렇게 인연이 이어진 게 마치 엄마가 나에게 준 선물인 것 같아. 덕분에 버텼다." 함께 있어 줘서 고맙다고 친구는 오히려 말했다. 그 순간의 우린, 우리들의 별들을 나누며 함께 반짝이고 있었다.

반짝이던 우리의 별들이 파란 하늘에 스며들며 어느덧 아침이 밝았고, 차 안은 더없이 훈훈했다. 우리의 아픔은 금세 잊혀졌다. 우리가 서로를 사랑하는 온기로, 서로를 지켜 주겠다는 마음으로.

인간은 누구나 죽는다. 삶은 유한하고, 붙잡지 못해 더 아깝다. 한 줌 재가 되어 사라질 때까지, 뜨겁게 사랑하기로 결심했다. 냉혹한 현실을, 꽁꽁 얼어붙은 내 몸과 마음을 녹일 수 있는 건 온기뿐이었다.

목적지에 도착한 나는, 지금 부서지는 파도를 바라보고 있다. 바다를 자유로이 헤엄치는 사람들, 돗자리에 옹기종기 모여 앉은 가족들. 이들 모두에게서 온기가 느껴진다. 우리는 그렇게 살아가나 보다. 추울 땐 서로 몸을 부대껴 온기를 나누며. 다시 생각했다. 춥지 않아도 서로 살을 부대끼며 가까이서 사랑을 나눠야겠다.

항상 따뜻하겠구나.

끝으로, 우리 할머니의 마지막 소원.

죽음

2025년 3월 4일 아침, 엄마에게 문자가 왔다.

"아들, 안양 이모가 돌아가셨대."

그 문자를 보고 난 후부터 기분이 묘했다. 가슴이 철렁하는 느낌과 함께, 최근 라디오를 진행하면서 이따금 만난 스님들과 대화하면서, 혹은 고전이나 철학서를 읽으며 죽음에 관한 사유를 해 왔기 때문인지 몰라도, 평소 부고 소식을 들었을 때와는 다른 감정이 밀려왔다. 아무것도 묻지 않고, 생방송이 끝나는 대로 같이 이모를 찾아가자고 답했다.

그날 하루 종일 이상하게도, 평소 떠올린 적 없는 안양 이모의 목소리가 또렷하게 들려왔다.

"성연이 왔어? 이놈의 시끼, 많이 컸네."

환하게 웃으며 나를 바라보던 이모, 친조카보다 더 따뜻하게 아껴 주던 그 눈길, 터프하지만 정감 넘치는 음성이 또렷하게 되살아났다.

생방송 준비를 하기 위해 메이크업을 마친 뒤 방송국 창가에 서서 지는 노을을 바라보았다. 3월 초의 하늘, 아침에는 눈발이 흩날리던 겨울이었는데, 오후에는 봄이 겨울을 밀어내듯 주황빛 노을과 시원하게 펼쳐진 파란 하늘이 얽혀 있었다. 그렇게 붉게 물들어 가는 하늘을 바라보며 가만히 앉아 있던 그때, 또다시 이모의 목소리가 들려왔다.

"성연이, 이놈의 시끼. 잘 지냈어? 우리 성연이, 많이 컸네."

안양 이모는 엄마의 절친한 친구였다. 기억에 남아 있는 가장 어릴 적부터 엄마의 가장 가까운 친구였다. 엄마는 '군포 이모'라고 부르기도 하고 '안양 이모'라고 부르기도 했지만, 나는 항상 '안양 이모'라고 불렀다. 안양 이모랑은 추억이 많다. 한번은 이모, 엄마, 그리고 이모의 아들 형준 형과 함께 스키장에 놀러 갔었다. 형은 성인이었고 나는 초등학생이었다. 나이 차이가 많이 났지만 형은 자상하게 스키 타는 방법을 알려 주었다. 형에게 스키를 배우며 행복했던 기억이 지금 눈앞에 있는 노을 뒤로 펼쳐졌다. 눈밭을 구르며 웃던 순간들, 하늘에 흩날리던 눈발, 고글 위에 앉은 눈꽃, 얼굴에 스치던 찬바람이 생생히 기억난다. 지쳐 내려오면 엄마와 이모가 "성연아!" 하며 두 팔 벌려 반기던 모습까지도.

  이모는 음식을 잘하셨다. 닭도리탕은 특히 일품이었다. 엄마는 말했다. "내가 이모한테 음식 많이 배웠지." 많은 기억들이 스쳤다. 스쳤다기보단 선명하게 꾹 도장을 찍고 가는 기분이었다. '죽음'이라는 단어가 머릿속을 맴돌았다. 문득, 이런 생각이 들었다.

  "이모는 오늘의 하늘을 못 보는구나. 어제의 하늘까지였구나."

  눈시울이 붉어졌다. 오렌지빛 하늘 위로 이모의 웃는 얼굴이 아른거렸다. 종교적 관점에 따라 이모는 천국에 갔을 수도 있고, 윤회에 따라 새 생명으로 다시 태어났을 수도 있다. 어디로든 좋은 곳으로 갔을 게 분명하다. 어쩌면 사후 세계가 인간의 두려움이 만들어 낸 상상의 개념일 수도 있지만. 내가 살아 있을 때는 절대 알 수 없는 영역에 관해 생각을 하다 보니, 역설적으로 내가 '지금' 살아 있음을 느꼈다. 아니 느끼고 있다.

  나는 분명 살아 있고, 내 눈앞에 뜨거운 노을이 지고 있으며, 오늘 하루가 지나가고 있었다. 스케줄을 마치고 밤이 돼야 이모에게 가게 될 텐데. 그 밤길이 어떨지, 엄마는 괜찮을지, 이모를 보면 어떤 감정이 밀려올지. 수많은 생각이 머릿속을 스쳤다.

 노을이 다 지고 나서야 발걸음을 돌려 밥을 먹었다. 살아 있으니, 먹었던 것 같다. 아니, 밥을 먹은 것이 살아 있는 것이었다. 그리고 라디오 생방송에 들어갔다. 방송을 마칠 무렵, 전국에 퍼지는 라디오 전파에 이모의 이야기를 담고 싶었다.

 "오늘, 어릴 때부터 절 아껴 주신 안양 이모의 부고 소식에 마음이 속상했는데…" 공적인 자리였기에 명복을 비는 말은 하지 않았다. 그건 방송이 끝난 후 조용히 개인적으로 전할 것이기에. 내가 할 수 있는 최선의, 개인적이고도 이기적인 추억 남김이었다. 마지막 우리의 이야기인 것이다.

 라디오를 마치고 엄마를 모시러 집으로 갔다. 엄마는 마음이 진정되지 않는다며 손을 벌벌 떨고 있었다. 너무나 갑작스러운 부고였기도 했고, 인생에서 가장 가까운 친구의 죽음을 태어나 처음 겪는 것이기도 했다. 그저 옆에서, "엄마 참 슬프겠다"라고 위로를 건네는 것 말곤 할 수 있는 게 없었다. 장례식장으로 향하는 길, 엄마와 함께 이모와의 추억을 하나씩 되짚으며 밤길을 달렸다. 그 길은 참 어두웠다.

 장례식장에 도착해 오랜만에 이모의 아들딸, 형준 형과 수진 누나를 만났다. 나이 차이가 있어 어릴 땐 큰 어른 같던 두 사람이었다. 특히 누나는 성인이 된 후 처음 만나는 자리였기에, 혹시 못 알아볼까 "저 성연이에요"라고 인사했더니, 누나는 곧장 "알지, 성연아"라며 눈물을 쏟아냈다.

"우리 엄마가 성연이 너 TV에 나오는 거 얼마나 좋아했는데. 우리한테 계속 보여 주면서 몇 번을 돌려 봤는지 몰라."

누나는 서럽게 울었다. 나는 아무 말 없이 누나를 안고, 어깨를 두드려 주었다. 서글피 우는 누나의 어깨너머 환하게 웃고 있는 이모의 영정 사진이 보였다. 예뻤다. 이모의 목소리가 또 들렸다.

"이놈의 시끼, 오랜만이네."

가슴이 뜨거워졌다. 미안했다. 마지막 이모와의 만남은 한 달 전 영상통화였다. "우리 성연이 예쁜 시끼, 참 잘하고 있어. 고맙다" 하며 칭찬을 아끼지 않으셨다. 조만간 찾아뵙겠다고 말하며 통화를 마쳤는데. 그때 찾아뵙지 못한 아쉬움이 가슴을 쳤다.

엄마는 이모의 영정 사진 앞에서 주저앉아 엎드려 울었다. 믿을 수 없다는 듯, 이모의 이름을 애타게 부르며 통곡했다. 나는 향을 하나 피우며 조용히 말했다.

"이모, 반가워요. 좋은 곳으로 가셨길 바라요. 자유로이 날개를 펴고 드넓은 이 지구를 마음껏 날아보시길 바라요."

나는 오랫동안 향초를 피웠다. 한참을 울던 엄마가 내게 어떻게 해야 하냐고 물었다. 나는 조용히 팔을 잡고 일으켜 세우며 말했다.

"절 해야지."

우리는 고인께 절을 드리고, 가족들에게도 절을 올렸다. 이모와는 작별이었고, 그의 가족들과는 오랜만의 재회였다. 삶이 참 아이러니하다는 생각이 들었다. 장례식장에서 만난 이모의 지인들이 입을 모아 나에게 이야기했다.

"귀자가 너 이야기 정말 많이 했어. TV에 나온다고, 기특하다고. 동네방네 자랑했지."

이모가 그렇게 날 자랑스럽게 여겼다는 걸, 이모가 떠난 자리에서야 들었다. 진즉 알았다면 직접 이모에게 "나 TV 나와요"라며 직접 말씀드릴 것을. 죄송했다. 그리고 진심을 다해 나를 응원하는 누군가가 어딘가에 있음을, 그동안 내가 보지 못했던 세계의 존재가 피부로 느껴졌다. 그곳에는 사랑과 염려와 응원이 가득 남겨져 있었다.

서울로 올라가는 컴컴한 새벽 길에, 이모를 다시는 보지 못한다는 사실이 사무쳤다. 나도 이러한데. 이모의 가족들은 오죽할까. 그들에게 작은 도움이라도 되고 싶었다. 그렇게라도 이모에 대한 나의 사랑을 보답하고 싶었다.

우연일까, 이모의 손녀가 "배우가 꿈이에요"라고 말했다. 훗날 도움이 필요할 땐 내가 작게나마 도움이 될 수 있겠구나 생각했다. 오늘 라디오에서 보만 스님이 한 말씀이 생각났다. "보석은 늘 우리 곁에 있지만 눈을 감고 있으면 보지 못합니다. 보석을 보는 눈을 떠야 해요. 가장 빛나는 보석은, 우리 가장 가까운 곳에 있습니다." 난 이모가 다시 이어 준 새로운 만남의 보석을 소중히 여길 생각이다.

밤하늘에 별 하나가 사라졌지만, 내 마음에 보석 하나가 생겼다. 어둠 속을 달리며 보석이 내는 빛을 품었다. 아무리 밤이 깊어도 그 속엔 분명 빛이 있었다.

이모,
안녕.

라디오

라디오 DJ가 되었다.

이렇게 한 문장으로 덜컥 다가올 만큼, 나에게도 DJ가 된다는 것은 전혀 예상하지 못한 일이었다. 라디오 DJ가 되었다는 말을 들은 사람들은 "준비된 자에게 기회가 오는구나", "준비가 되어 있으니 그 기회를 잡은 것이구나"라고 했다.

나는 내가 한 '준비'에 대해 생각했다. 그것은 어떤 우연의 합이 하나의 일치를 만들어 낸 것이었다.

어느 날, 오래 알고 지내 온 진홍 스님과 식사 약속을 잡았다. 진홍 스님과 나의 인연은 8년 전 예비군 훈련장에서부터 시작된다. 의무 경찰 복무를 마치고 처음 가 본 예비군 훈련장은 굉장히 낯설었다. 육군 내부의 시스템을 훈련소 외에는 경험한 적이 없던 터라 생소한 상황이었다. 그런데 엎친 데 덮친 격으로 내가 우리 조의 분대장이 되어 버렸다. 모든 것이 처음인 내게 다양한 계급의 아저씨들과 오늘의 훈련을 잘 마무리해야 한다는 미션이 주어졌다. 부담감이 컸다. 왜냐하면 잘하면 집에 빨리 보내 주기 때문이었다. 모두가 집에 빨리 가는 데 혈안이 되어 있었다. 덜컥 분대장이 되어 버린 나에겐 기댈 곳이 필요했다.

내 옆에는 대위 계급장을 단 민머리의 남자가 앉아 있었다. 첫인상은 무서웠다. 포스가 남달랐다. 하지만 모두의 빠른 귀가를 위해 지혜를 모아야 했다. 나는 계급으로 보나 포스로 보나 나보다 경험이 많아 보이는 그에게 용기 내어 물었다. "실례합니다. 제가 예비군이 처음이라서 그런데... 어떻게 해야 하는 건가요?"

무서운 줄 알았던 그가 아주 환하게 아기 같은 미소를 지으며 나에게 말했다.

"저도 처음이라 잘 모릅니다." 반전 매력이었다.

그 말을 듣고 '아, 인생은 역시 스스로 파헤쳐야 하는 것이구나'라는 생각을 했다. 나는 나의 모든 감각 기관을 동원해 가장 빠르게 퇴소할 수 있는 방법을 생각하며 하나하나 헤쳐 나갔다. 그때 중간중간 프로그램에서 "저는 총을 쏘지 않습니다"라며 총을 들지 않는 그의 모습이 눈에 띄었다. 의아

했지만 일단 주어진 일들에 집중했다.

그리고 점심시간이 되었다. 도시락을 받으려 기다리고 있는데 그가 조심스레 말을 걸었다.

"오늘 너무 고생이 많으셨습니다. 노고에 감사드립니다."

"어휴, 아닙니다. 저도 감사드립니다."

"꽃이 피실 상이세요. 꽃 피우실 거예요."

"네?"

"에너지가 너무 좋으셔서 꼭 이 말을 전하고 싶었어요."

"감사합니다."

"하시는 일이 어떻게 되시죠?"

"아, 저는 배우라는 직업을 갖고 있습니다."

"오! 그럼 제가 어느 정도 그 좋은 에너지를 느꼈네요. 훌륭한 배우가 되실 거예요."

"감사합니다!"

"저는 뭐 하는 사람인 것 같으세요?"

"…"

나는 그의 따뜻함에 어울릴 만한 직업을 대답했다.

"목사님?"

"하하하! 제가 목사 같나요?"

웃고 있는 그의 헤어스타일을 보고 다시 떠올렸다.

"혹시… 스님?"

"네, 맞습니다."

그렇게 나와 진홍 스님의 인연이 시작되었다. 생애 처음으로 만난 스님에게 나는 궁금한 것들을 모두 쏟아냈다. 오늘 점심으로 제육볶음이 나오는데 어떻게 하실 건지, 술이 마시고 싶을 때 혹은 이 세상에 수많은 욕구들은 어떻게 참아 내는지 등등 무례할 수도 있는 나의 질문에 스님은 하나하나 웃음으로 대답해 주었다. 그렇게 우린 서로의 연락처를 교환하고 친구가 되었다.

그로부터 2년 정도 흐른 어느 날, 진홍 스님에게 연락이 왔다. 그때 당산동 산다고 들었는데 혹시 아직도 살고 있냐고. 그렇다고 답하니, 이번에 당산동에 발령받았는데 가까우면 시일 내에 얼굴을 보자고 했다. 그러면서 사찰 주소를 보내주었는데 무언가 이상했다. 지도에 우리 집이 찍혔다. 자세히 보니 우리 집 뒤편에 있는 사찰이었다. 그곳은 우리가 아는 산속의 절 같은 사찰이 아닌, 일반 건물 형태의 도심 속 '자운사'라는 절이었는데, 스님이 바로 그곳의 주지 스님으로 오게 된 것이었다.

그렇게 우리의 인연은 다시 이어졌다. 우리 집 창문에서 스님 방 창문이 보이는, 엎어지면 코 닿을 거리에 살면서 가끔 차도 마시고, 식사도 하면서 서로의 꿈과 방향을 나누는 사이가 되었다. 이후 나의 미국 도전이 시작되었고, 스님은 성북동 사찰의 주지 스님이 되었다.

두 번째 미국 여정을 앞두고, 성북동 사찰에서 진홍 스님과 차를 마셨다. 첫 번째 미국 여정에서 만난 인연들 이야기, 매일 관광지에서 사진을 찍어 준 이야기, 넘어진 킥보드를 세우고 쓰레기를 주운 이야기 등 다양한 주제로 차담을 나누었다. 차를 다 마시고 돌아가려는 나를 스님이 불러 세우며 잠시만 기다려 달라고 했다. 그러곤 어딘가로 급히 뛰어가더니 하얀 봉투를 들고 다시 왔다. 봉투 안에는 108만 원이 들어 있었다. 이게 뭐냐고 묻자 내 손을 꼭 잡으며 "헤이든 님의 도전에 도움을 준 소중한 분들에게 아낌없이 베풀었으면 좋겠습니다. 한 달이라는 시간 동안 그 베풂이 헤이든 님을 잘 지켜 줄 것 같아서요"라고 말했다. 상상치 못한 따뜻함에 가슴이 뜨거워졌다.

나는 그 귀한 돈으로 미국에서 촬영하는 동안 감사한 이들에게 차나 식사를 대접하며 스님의 덕을 나누었다. 그 덕분에 나의 미국 도전은 하나하나 좋은 결과로 이어졌다.

한국에 돌아와서도 스님과의 만남은 지속되었다. 우리의 인연은 깊어졌고 서로가 함께하는 세월이 쌓였다. 그렇게 시간이 흘러 작년, 미국에서 '웨스턴 애비뉴' 시사회를 마치고 돌아온 바로 그날, 이상하게 스님이 보고 싶었다. 바로 연락해 스님과 점심 약속을 잡는데, 그날 본인이 게스트로 출연하고 있는 라디오 피디님과 작가님, 아나운서님을 소개해 주고 싶은데 괜찮냐고 물었다. 나는 스님의 친구가 나의 친구라며 좋다고 화답했다. 이때는 몰랐다. 그날의 식사 자리가, 지금의 라디오 DJ로 이어질 줄은.

식사 자리에서 이런저런 이야기를 나누었는데 모두들 감사하게도 나의 도전과 열정을 예쁘게 봐 주셨다. 그렇게 대화를 나누던 중 작가님께서 "어? 지금 스페셜 DJ 찾고 있는데, 헤이든 님이 딱이네요."

모두가 동의하는 분위기였다. 피디님이 물었다. "라디오 DJ에 대해 어떻게 생각하세요?"

나는 대답했다. "제 버킷리스트 중 하나예요."

그 한마디를 시작으로 다음 날 테스트를 보게 되었다. 부스 안에 들어선 나는 어쩐지 편안함을 느꼈다. 주어진 원고를 편안하게 읽으며 너무 재밌다는 생각을 했다. 동시에 굉장히 익숙한 기분이 들었다. 이 기분은 뭘까 생각하던 끝에.

아, 클럽하우스.

5년 전, 영어 공부를 할 때 '클럽하우스'라는 어플이 나왔었다. 오디오 기반의 소셜미디어로, 개인 라디오 방송 같은 건데, 다른 점은 양방향 소통이 가능하다는 것이었다. 그때 "우리 둘 다 일찍 일어나니까 같이 꾸준히 해 보는 게 어때?"라는 서준범 감독님의 제안에, 아침 7시부터 9시까지 사람들의 고민을 들어 주는 '굿, 모닝 아침마당'이라는 코너를 만들어 하루도 빠짐없이 500일 동안 꾸준히 했다. 매일 새로운 사람들을 만나 그들의 사연을 들으며 고민을 나누던 그때의 경험이 이렇게 쓰일 줄이야.

사실 클럽하우스로 얻은 것은 이것 말고도 많았다. 청취자들과의 인연. 내가 미국에 도전하러 간다는 말에 미국에 사는 한 청취자는 공항에 마중을 나와 주었고, 시애틀, 뉴욕, 아틀랜타 등에 사는 또 다른 청취자들의 초대로 미국 여정이 더욱 풍성하게 채워졌었다. 목소리로만 소통하던 우리가 실제로 만나게 된 그 순간에 나는 인연의 힘을 믿게 되었다. 좋은 에너지로 살면 좋은 인연이 따라 오는구나, 라고. 그때의 청취자들은 '팝스 9, 헤이든입니다'의 애청자가 되었고, 서준범 감독님은 한 달에 한 번씩 라디오에 나와 함께 진행을 했다.

클럽하우스를 한 500일의 시간이 라디오 DJ 테스트에 큰 도움이 되었다고 생각한다. 뜻하지 않았던 일들의 합이 좋은 결과로 이어졌다. 일련의 일들을 하나로 묶은 것은 인연이었다. 그리고 소중한 나의 자산, 경험이었다.

테스트를 보고 난 후 담당 피디님과 국장님이 말했다.

"다음 주부터 바로 하시죠."

그렇게 나는 24년 12월부터 25년 4월까지 약 4개월 동안

BBS FM '팝스 9, 헤이든입니다'의 스페셜 DJ로 매일 밤 9시에 청취자들과 만났다. 위로를 드린다고 생각했지만, 되려 내가 더 많은 위로를 받았다. 낯선 이들과 따뜻한 교감을 나누고, 소중한 인연들을 다시 만나고. 서로의 사는 이야기를 듣고 위로와 용기를 나누는 시간들. 여러 가지로 라디오 덕분에 소중해진 것들이 너무나 많다. 이 자리를 빌려 모든 분들께 감사함을 전하고 싶다. 그리고 이 모든 인연의 시작인 진홍 스님에게 다시 한번 감사의 인사를 전한다. 우리 프로그램의 청취자였던 팝콘이들에게도. 그리고 함께 방송을 만들어 간 재현 국장님, 유빈 피디님, 윤경 작가님, 그리고 출연해 주신 모든 게스트분들에게도.

나의 밤 9시를 따뜻하게 만들어 주셔서 정말 고맙습니다.

글을
마치며

마지막 페이지를 앞둔 시점에 묻고 싶다.
여유를 훔쳤나요?
이 글과 함께한 시간 속에서 단 한 순간이라도
여유를 훔쳤다면,
그 훔친*(사실상 원래부터 당신의 것이었던)*
아름다운 찰나를 마음껏 누리길.

그리고 글을 읽으며 생각나는 사람이 있었다면,
그 소중한 사람에게
이 책을 빌려 마음을 전하길.

POST CARD

TO   DATE

Go with Your Flow